CHRISTINA FISCHERS

WEIN WISSEN

Fotografien von
Armin Faber
und
Thomas Pothmann

DÖRFLER · VERLAG

Alle in diesem Buch enthaltenen Angaben, Rezepte etc. wurden von den Autoren nach bestem Wissen erstellt und von ihnen und dem Verlag mit größtmöglicher Sorgfalt überprüft. Gleichwohl sind inhaltliche Fehler nicht vollständig auszuschließen. Daher erfolgen die Angaben etc. ohne jegliche Verpflichtung oder Garantie des Verlags oder der Autoren. Eine Haftung der Autoren und des Verlags für Personen-, Sach- und Vermögensschäden ist ausgeschlossen.

Im Internet finden Sie unser Verlagsprogramm unter:
www.doerfler-verlag.de

Inhalt

Einführung

Wie wird man Weinkenner? Die häufig gestellte Frage ist berechtigt, denn die Weinwelt wird immer komplizierter, die ständig wachsende Vielfalt macht den Durchblick nicht gerade leichter. Deswegen kommt man auf dem Weg zur Weinkennerschaft um einige Spezialkenntnisse nicht herum.

Doch zunächst gilt es den ersten Wissensdurst zu stillen. Dafür ist ein gesundes Basiswissen über die Funktion der Sinne, die Welt der Rebsorten und Aromen und natürlich über die verschiedenen Anbaugebiete und deren Weinstile die beste Grundlage.

Genuss braucht profundes Verständnis und solide Grundkenntnisse, damit die Weinwelt kein Buch mit sieben Siegeln bleibt. Wer aber erst einmal auf den Geschmack gekommen ist, für den wird Wein ein spannendes Thema, dass sich immer neu zu entdecken lohnt. Und die genussreiche Reise in die Welt des Weines wird nicht nur den Gaumen freuen, sondern auch die Seele ein wenig baumeln lassen: Wein-Genuss als Erholung vom Alltagsstress.

In diesem Sinne wünsche ich Ihnen
lehr- und genussreichen Lesespaß,

Ihre Christina Fischer

Faszination Wein

Warum ausgerechnet Wein? Unter allen alkoholischen Getränken nimmt der Wein seit jeher eine Sonderstellung ein, ob als Alltagsgetränk oder Luxusprodukt. Und kein anderes Getränk hat im Laufe der Menschheitsgeschichte so nachhaltig Landschaften und Kulturen, Poesie und Literatur geprägt und verändert wie der Wein. Die großen Weinbaugebiete der Alten Welt mit ihren traditionsreichen Gütern sind Zeugen dieser sich ständig bewegenden Weinkultur. Aber auch die Neue Welt hat mit einem zunehmenden Weinbau ihr Gesicht verändert. Genuss macht sich in Weinbauregionen breit, die Küche entwickelt eine Eigendynamik, um das harmonische Gleichgewicht zwischen gut essen und trinken zu finden. Wein ist also Faszination von Anfang an. Vielleicht auch, weil er in seiner Entwicklung einem Menschenleben ähnelt. Wein ist ein lebendiges Produkt, zunächst ungestüm, manchmal überschäumend. Erst im Alter gewinnt er an Reife und Balance und erlangt seine schmackhafte Ausgeglichenheit. Dazu kommt die Vielfalt und Bandbreite der Aromen und Geschmacksrichtungen, die den Wein gegenüber allen anderen Getränken einzigartig macht. Jede einzelne Flasche ist geprägt von ihrer Herkunft, ihrem Sortencharakter und natürlich von der Handschrift des Winzers. »Fingerprints« zum Trinken. Darüber hinaus kennt der Wein in seiner kaum überschaubaren Vielfalt keine Schranken, keine sozialen und keine nationalen.

Also ein Getränk für alle und für alle Fälle? Mit Sicherheit!

Rendezvous der Sinne

Rendezvous der Sinne

Mit allen Sinnen genießen? Im Prinzip schon, aber nicht alle Sinne sind so kompliziert und komplex wie der Geschmackssinn. Ob ein Wein kalt oder warm ist, kann jeder schnell und ziemlich genau entscheiden. Ob aber ein Wein schmeckt und vor allem nach was der Wein schmeckt, wirft in der Regel immer das gleiche Problem auf: Sprachlosigkeit, obwohl die Entscheidung im Gaumen längst gefallen ist.

Sie kennen die Situation: Sie trinken gerne Wein, haben dabei ihre roten und weißen Favoriten und wissen einen guten Tropfen zu schätzen. Aber wenn manche Zeitgenossen richtig loslegen, verschlägt es Ihnen die Sprache. Begriffe wie »betörende Nase«, »typische Aromen« und »Abgang« tauchen auf, und in einem unverständlichen Vokabular werden große Reden geschwungen. Sie dagegen können die unterschiedlichen Aromen und Düfte kaum einordnen und beschreiben, können nicht so richtig bestimmen, was Sie eigentlich riechen und schmecken? Keine Panik, da geht es Ihnen wie den meisten anderen Menschen auch.

Weinprobieren ist eigentlich gar nicht so schwer, die wichtigsten im Wein vorkommenden Aromen, Düfte und Geschmäcker kennt jeder. Denn unser Aromenfundus existiert bereits seit unserer Geburt, täglich begegnen wir den unterschiedlichsten Aromen in den verschiedensten Duftintensitäten. Seit Lebensbeginn werden alle diese wahrgenommenen Gerüche in unserem Erinnerungsvermögen gespeichert: Ein Schatz, ein sprichwörtliches Vermögen, das es zu entdecken gilt.

Um die Duft- und Aromastoffe eines Weines zu erkennen und aus dem Gedächtnis abrufen zu können, bedarf es etwas Geduld, die aber eine durchweg angenehme Seite hat. Denn wie überall, macht auch hier die Übung den Meister. Das heißt also: Probieren, probieren und immer wieder probieren. Natürlich in Maßen und mit Verstand.

Durch immer neue Geschmackseindrücke und Geschmackserfahrungen lernen Sie im Laufe der Zeit spielerisch die Unterschiede kennen. Wein ist plötzlich nicht mehr das komplizierte Getränk, sondern zeigt in vielen Nuancen seine Vielfalt. Denn kein anderes Getränk ist in seinem Geschmack so vielschichtig und setzt sich aus so vielen Komponenten zusammen wie Wein. Nicht alle davon sind gleich zu entdecken und zu schmecken, manche verstecken sich, andere sind flüchtig oder tauchen erst nach einer gewissen Zeit auf. Wein bleibt also spannend. Der erste Schritt zur Weinkennerschaft ist eine Spurensuche nach Aromen. Und die führt nur über die Sinne.

Die Sinne als Werkzeug

Unsere Sinne sind das geöffnete Fenster zur Welt, sie helfen uns die verschiedenen Eindrücke zu sortieren und einzuordnen, grenzen die Welt für uns ein und entscheiden, was überhaupt erkennbar ist. Auch wenn die Funktion der Sinne nicht ganz frei ist von Stimmungen und Gefühlen, so bekommen wir nur so viel von unserer Umwelt mit, wie uns die Sinne vermitteln. Das gilt natürlich auch für die Verkostung und Beurteilung von Weinen.

Wer einen Wein beurteilen möchte, muss sich voll und ganz auf seine eigenen Sinne verlassen. Sehen, riechen und schmecken, das scheinen auf den ersten Blick relativ einfache Übungen zu sein, um sich einem Wein zu nähern. Doch die wenigsten Menschen sind sich über ihre Möglichkeiten und die Grenzen ihrer Sinneswahrnehmung im Klaren. Dabei kann das Wissen über deren Funktion sehr hilfreich sein, um eigene Wahrnehmungen einzuordnen, sie systematisch zu schulen und diese Erfahrungen optimal zu nutzen.

Das Auge trinkt mit

Der erste Eindruck ist immer ein optischer. Am Auge führt in der Regel kein Weg vorbei. Nicht umsonst heißt es: Das Auge isst – in unserem Fall trinkt – mit. Schauen Sie den Wein genau an, aber lassen Sie sich nicht täuschen. Denn obwohl der Mensch vornehmlich in einer Sehwelt lebt, sind gerade hier die Möglichkeiten einer verschobenen Wahrnehmung oder Täuschung am größten. Allein mit dem Auge kann man deswegen keinen Wein bewerten, ja nicht einmal mit hundertprozentiger Sicherheit sagen, ob es sich im Glas überhaupt um Wein handelt. Apfelsaft hat zum Beispiel in manchen Fällen die gleichen Farbreflexe wie ein gereifter Wein. Das Auge vermag hier die letztlich eindeutigen Geschmacksunterschiede nicht auseinander zu halten.

Die Prüfung mit den Augen hat also in erster Linie die Aufgabe, den Wein auf seine Farbtönung und Klarheit zu untersuchen. Um die Farbe des Weines zu prüfen, heben Sie das Glas immer am Stiel – so bleibt es sauber und durchsichtig – etwas schräg gegen das Licht oder einen weißen Hintergrund. Im Durchlicht muss der Wein völlig klar sein, die Oberfläche des Weines sollte hell spiegeln. Weißweine müssen in jedem Fall glanzhell und völlig durchsichtig sein, auch wenn die Farbe bei älteren Weißweinen schon mal bernsteinfarben ist.

Kleine, meist durchsichtige Kristalle, der so genannte Weinstein, sind natürliche Substanzen und beeinträchtigen die Weinqualität nicht. Zeigt der Wein deutliche Trübungen oder fein verteilte schwebende Partikel und Flocken, handelt es sich meist um Verklumpungen von unerwünschten Stoffen, die sich jedoch nicht immer negativ auf die Qualität des Weines auswirken müssen.

Tipp

Zur besseren optischen Beurteilung des Weines halten Sie das Weinglas vor einen weißen Hintergrund. So werden Sie auch dunkelroten Wein durchblicken.

In Rotweinen kommen solche Trübungen immer wieder vor, sie bestehen in der Regel aus völlig unschädlichen Gerb- und Farbstoffen. Vor allem in älteren Jahrgängen haben die Weine einen teilweise puderförmigen Bodensatz von ausgefälltem Farbstoff und Tannin, der durch die geringste Erschütterung aufgewühlt wird. Deswegen sollte man gerade älteren Weinen vor dem Öffnen eine Ruhezeit gönnen, damit sich das so genannte Depot am Flaschenboden absetzen kann.

Manche Weine hinterlassen nach dem Schwenken an der Glaswand schwere Tränen, die sich in Gestalt schmaler oder breiterer so genannter Kirchenfenster ausformen. Dieses Phänomen kann durchaus als zuverlässiger Hinweis auf den Extraktreichtum gelten, denn je ausgeprägter die »Fenster«, desto höher ist der Glyceringehalt des Weines. Glycerin, Nebenprodukt der alkoholischen Gärung und ungiftiger, sirupähnlicher, schwerflüssiger Alkohol, zählt zu den wichtigsten Inhaltsstoffen des Weines und gibt ihm seine Vollmundigkeit und Substanz.

Immer der Nase nach

Nichts ist im Gesicht markanter als die Nase: Das hat seinen guten Grund, denn der herausragende »Riechkolben« ist ein kleines Wunderwerk. Bis heute kommt keine wissenschaftlich-technische Apparatur an die Empfindlichkeit und Leistungsfähigkeit der menschlichen Nase heran. Und nichts prägt sich im Gedächtnis so intensiv ein wie Gerüche und Düfte und der daraus resultierende Geschmack. Unser Geruchssinn ist dabei unbestechlich, aber sehr individuell ausgeprägt. Was der eine kaum wahrnimmt, ist für den anderen schon ein aufdringlicher Duft. Hinzu kommt, dass keine Empfindung so unmittelbar auf Stimmung und Gefühlsregungen wirkt wie die Geruchswahrnehmung. Gute Düfte wecken angenehme Erinnerungen; es ist daher nicht verwunderlich, dass der Geruchssinn beim Erwachsenen besonders intensive Kindheitserinnerungen wachruft.

Ein gesunder Mensch kann rund 4000 Gerüche voneinander unterscheiden. Dabei genügt oft schon eine Duft-Konzentration von 0,1 Promille.

Aber auch Gefahr kann man riechen. Das Sprichwort hat einen realen Hintergrund und kann uns – wenn die Duftmoleküle Brand, faules Wasser, beißende Gerüche signalisieren – vor Schaden bewahren. Vielleicht hat es die Natur deswegen so eingerichtet, dass man Gerüchen nicht ausweichen kann. Denn während man sich anderen Sinneseindrücken entziehen kann – die Augen schließen, die Ohren zuhalten, Berührungen ausweichen –, sind Gerüche unerbittlich. Die kleinen Duftstoffmoleküle werden mit jedem Atemzug an die empfindlichen Sinneszellen der Riechschleimhaut herangetragen. Dabei ist die Geruchswahrnehmung zunächst sehr unvollkommen, nur intensive Gerüche erreichen die Riechschleimhaut und lösen eine Empfindung aus.

Auch ein guter Geschmack wäre ohne den Geruchssinn nicht möglich, denn die breite Palette der im Wein vorkommenden Aromen wird erst durch den Geruchssinn transparent und wahrnehmbar. Man kann jeden Bissen oder Schluck im Mund auch riechen. Sollen dagegen feine und feinste Duftnoten, wie sie im Bukett eines Weines vorkommen, deutlich wahrgenommen werden, müssen sie gezielt an die richtige Stelle in der Nase transportiert werden. Man erzeugt deshalb durch Schnüffeln kleine Luftwirbel, um die verschiedenen Duftstoffe an die Riechschleimhaut zu führen, die geschützt im obersten Teil der Nase liegt.

Zunächst sollte man nach dem Einschenken erst einmal am unbewegten Glas riechen. Die feinsten und flüchtigsten Düfte werden in der Regel dabei auch für die ungeübte Nase erkennbar: Zitrone, Minze, Kaffee, Tabak, Rosenblüten und viele andere mehr. Erst danach kommt die Bewegung hinzu. Durch ein Schwenken des Glases wird ein Maximum an ätherischen Ölen und Duftstoffen freigesetzt und in dem entstehenden Luftwirbel der Riechschleimhaut zugeführt.

Fehltöne wie ein starker Schwefelgeruch, ein Böckser (Geruch nach faulen Eiern) oder Essigstich kommen dabei besonders intensiv zur Geltung und sind leicht zu erkennen. Wenn das Glas geleert ist, sollten Sie noch einmal ihre Nase hineinsenken, um die Duftstoffe einzuatmen, die am Glas haften geblieben sind. Dabei kommen vor allem jene Aromen zum Vorschein, die dem Gerbstoff des Weines und des Holzes seiner Lagerfässer entstammen.

Alles Geschmackssache

Man könnte fast sagen: Wer gut riechen kann, hat auch Geschmack. Denn der eigentliche Geschmack wird vor allem von der Wahrnehmung auf der Riechschleimhaut beeinflusst. Am Gaumen werden sich in aller Regel die Eindrücke bestätigen, die schon durch die Beurteilung mit Auge und Nase gewonnen worden sind. Hinzu kommen neue Eindrücke, die durch das Erwärmen des Weines im Mund entstehen. Doch im Vergleich zu der Vielfalt und Intensität der Aromen, die über die Riechschleimhaut wahrgenommen werden, erscheint die Zunge als eher grobes Sinneswerkzeug.

Da die Geschmacksknospen der Zunge nur an bestimmten Stellen auf Süße, Säure, Bitter- und Salzgeschmack reagieren, sollte man so viel Wein in den Mund nehmen, dass sich die Flüssigkeit leicht über die ganze Zungenoberfläche verteilen lässt. Damit ein möglichst intensiver Geschmackseindruck entsteht, rollt man den Wein über die Zunge gleichmäßig hin und her. Das hörbare Schlürfen und Kauen des Weines bei gleichzeitigem Einsaugen von Luft ist bei Weinproben erlaubt, im Restaurant ist es sinnvoll, von diesem Geräuscherlebnis Abstand zu nehmen.

Im Augenblick des Schluckens ist die Empfindung am intensivsten. Im Bereich der Zungenwurzel – hier sind die

Geschmacks-Papillen in die Zunge eingesenkt – haften die Eindrücke länger als im vorderen Bereich der Zunge. Deshalb spricht man von einem schlechten Abgang und vom »hinten wegfallen«, wenn eine intensive Geschmacksempfindung im hinteren Zungenbereich ausbleibt.

Es empfiehlt sich daher, während der rund zehn Sekunden, die man den Wein bei einer Verkostung im Mund behalten sollte, ein- oder zweimal eine ganz geringe Menge zu schlucken.

In der ersten Einschätzung wird der Wein als trocken oder süß wahrgenommen. Aber Vorsicht: Zum einen sind die süßen Geschmacksaromen im ersten Augenblick sehr vorherrschend, und es empfiehlt sich, abzuwarten und erst dann zu urteilen! Zum anderen wird der tatsächliche Zuckergehalt leicht unterschätzt, wenn der Säuregehalt hoch ist und umgekehrt. Es ist daher ein weit verbreiteter Irrtum, dass ein trockener Wein ein saurer Wein sei. Ein trockener Wein enthält nicht unbedingt mehr Säure als ein lieblicher, aber die Säure tritt deutlicher hervor, weil sie nicht wie beim lieblichen Wein durch Süße geschmacklich aufgefangen wird. Eine unangenehme, beißende Säure weist auf mangelnde Reife der Trauben bei der Lese hin. Bei den Rotweinen sind es vor allem die Tannine, die aus den Traubenstielen, Beerenschalen, Kernen sowie aus dem Holz der Weinfässer stammen, die das Gerüst des Weines ausmachen. Anspruchsvolle Rotweine aus warmen Klimazonen wirken in der Jugend durch vorherrschende Tannine oftmals grob und unharmonisch, erst mit zunehmendem Alter werden sie fein und samtig.

Test: Grenzen des Geschmacks

Genaues Schmecken lässt sich trainieren. Alles, was Sie dafür brauchen, sind:

Zucker (Puderzucker ist besonders gut löslich), Kochsalz, etwas Koffein (Apotheke) und für jede Substanz einen Liter geschmacksfreies, stilles Wasser.

Wiegen Sie, am besten auf einem Stück Butterbrotpapier, auf einer Digitalbriefwaage jeweils 0,2 Gramm der entsprechenden Substanz ab, und geben Sie diese Menge in jeweils einen Liter Wasser.

Gut umrühren und probieren. Lassen Sie die Geschmacksprobe eine Weile auf der Zunge einwirken. Erkennen Sie einen Geschmack?

Dann geben Sie jeweils weitere 0,2 Gramm hinzu und notieren, ab wann Sie den Geschmack deutlich als süß, salzig oder bitter klassifizieren können.

Die Wahrnehmungsgrenzen liegen in der Regel für Zucker zwischen 0,5 und 4 Gramm pro Liter, für Kochsalz zwischen 0,1 und 1 Gramm pro Liter und für Koffein bei 0,1 bis 0,2 Gramm pro Liter.

Kleine Geschichte des Weinbaus

Kleine Geschichte des Weinbaus

So ganz ohne Geschichte geht es auch im Weinbau nicht. Vieles erschließt sich aus dem Vergangenen und bekommt erst durch das Wissen seiner Entstehung einen Sinn. Aber keine Angst: Trocken ist die Geschichte des Weinbaus keinesfalls, denn in all den Jahrhunderten zuvor wurde kräftig gebechert.

Das hat sich in den vergangenen hundert Jahren geändert. Der Wein, lange Zeit ein unverzichtbarer Bestandteil jeder Mahlzeit, hat seine unbestrittene Vormachtstellung als Alltagsgetränk eingebüßt und gilt in den reicheren Ländern zunehmend als Symbol für Wohlstand und Lebensqualität. Dagegen ist Wein vor allem in wirtschaftlich armen Regionen bis heute ein wesentlicher Bestandteil der täglichen Ernährung.

Erst im 17. Jahrhundert setzte sich die heute geläufige Weinflasche durch. Bis dahin wurde der Wein in Amphoren und Fässern transportiert und auch gelagert. Serviert wurde vom Fass direkt in den Becher.

Die systematische Entwicklung des Weinbaus – das, was wir als Weinkultur bezeichnen – ist untrennbar mit der Entstehung der europäischen Zivilisation verbunden. Eine erste Blütezeit erlebte der Weinbau im Ägypten der Pharaonen, rund 4000 Jahre vor Christus. Über Handelsrouten gelangte der Wein zu den wichtigsten Umschlagplätzen des Mittelmeerraumes. Vor allem in der griechischen Welt, die im engen Kontakt mit

Ägypten stand, wurde der Weinbau schnell zu einem bedeutenden Wirtschaftsfaktor. Bereits in der zweiten Hälfte des zweiten Jahrtausends vor Christus existierten Rebflächen im gesamten antiken Griechenland und auf den Ägäischen Inseln. Griechische Siedler brachten Anfang des ersten Jahrtausends Weinreben nach Süditalien, Südfrankreich und Sizilien.

Mit dem Aufstieg Roms zur Weltmacht gelangten Weinreben auch in die kühleren, nördlich gelegenen Gebiete Mitteleuropas. Unter römischer Herrschaft entstanden die Zentren der europäischen Weinkultur von der Wachau bis nach Bordeaux und Rioja. Erst der Zerfall des Römischen Reiches führte zu einer nachhaltigen Stagnation der europäischen Weinproduktion.

Ab der ersten Jahrtausendwende knüpften vor allem die Klöster an die römische Weinkultur an und brachten den Weinbau mit weiterentwickelten An- und Ausbaumethoden zu einer erneuten wirtschaftlichen Blüte. Die Symbolkraft des Weines als das Blut Christi und entsprechend als Bestandteil der Heiligen Messe, aber auch handfeste wirtschaftliche Interessen waren für die Klöster Antrieb und Motivation, ihre Besitzungen und Weinberge über ganz Europa auszubreiten. Vor allem Zisterzienser und Benediktiner experimentierten mit Böden, Lagen und Rebsorten und legten damit den Grundstock für eine bis heute in ihren grundlegenden Erkenntnissen geltende »Weinwissenschaft«.

Mit den Weltumseglern und Entdeckern des 15. und 16. Jahrhunderts gelangten europäische Weinreben erstmals auch auf den amerikanischen Kontinent. Mitte des 16. Jahrhunderts entstanden im heutigen Chile die ersten Rebgärten. Dagegen war in Europa der Wein längst zu einem unverzichtbaren Alltagsgetränk geworden, das aufgrund des Alkoholgehaltes resistenter gegen Bakterien und Verunreinigungen war wie etwa Wasser. Die relativ lange Haltbarkeit von Wein ermöglichte auch in Krisenzeiten eine stabile Bevorratung. Von feindlichen Belagerungen bedrohte Städte stockten ihre Weinvorräte auf, Wein war auf jeder Schiffsreise mit an Bord.

Schon die Römer benutzten zum Verschließen von Weinbehältern Korken. Aber erst im 17. Jahrhundert setzt sich der Korken endgültig als Verschluss durch.

Die Reblaus brachte den europäischen Weinbau Mitte des 19. Jahrhunderts fast völlig zum Erliegen. Erst die um 1880 eingeführten Pfropfreben – europäische Reben auf amerikanischen Unterlagen – zeigten sich

gegen die Krankheit immun und garantierten den Fortbestand vieler europäischer Anbaugebiete.

Im 20. Jahrhundert sanken die in Europa kultivierten Anbauflächen und die Produktionsmengen kontinuierlich, dagegen wurden in Übersee immer mehr Rebflächen angelegt. Zur letzten Jahrtausendwende lag die Weinbaufläche weltweit bei rund 8,2 Millionen Hektar.

Wie Wein entsteht

Wie Wein entsteht

Gute Weine wachsen im Weinberg

Was ist eigentlich Wein? Das deutsche Weinrecht gibt dazu folgende Definition: »Wein ist das Erzeugnis, das ausschließlich durch vollständige und teilweise alkoholische Gärung der frischen, auch eingemaischten Trauben oder des Traubenmostes gewonnen wird.«

Weine werden also nicht gemacht. Schon gar nicht im Keller. Weine werden aus Traubenmost gewonnen, und dazu bedarf es zunächst einmal der Trauben als Ausgangsmaterial. Somit wird das alles entscheidende Fundament eines guten Weines im Weinberg gelegt: Rebsorte, Boden und die individuelle Bearbeitung durch den Winzer sind dabei die wichtigsten Faktoren. Daneben steht immer das Risiko der wechselnden klimatischen Verhältnisse, die jeden Jahrgang zur neuen Herausforderung machen und das Risiko von Missernten in sich tragen.

Trauben

Weine werden aus Trauben gemacht, das ist Bedingung. Aus welchen, das ist die Kunst des Winzers. Denn die Wahl der Rebsorte ist der bestimmende Faktor für die Aromen des Weines. Nicht alle Reben finden an jedem Standort der Welt günstige Wachstumsbedingungen, obwohl die Rebe allgemein als eine genügsame und anpassungsfähige Pflanze gilt. Aber auch diese Tugenden haben Grenzen. Manche Trauben mögen es heiß, andere wiederum bevorzugen eine dezente Kühle. In der langen Geschichte des Weinbaus haben sich hier Erfahrungswerte manifestiert, gleichzeitig werden durch Neuzüchtungen oder Klone die Rebsorten einer bestimmten Umgebung angepasst. Weltweit werden die meisten Weine aus mehreren Rebsorten verschnitten, die so genannten Cuvées. Da in einer Cuvée mehrere Rebsorten gleichzeitig, aber in unterschiedlichen Konzentrationen und Anteilen den Charakter des Weines formen, kann der Winzer wesentlich besser auf etwaige Jahrgangsschwankungen und damit verbundene unterschiedliche Reifegrade der Trauben reagieren als bei einem so genannten reinsortigen Wein aus nur einer Traubensorte.

Die Weinrebe ist die am stärksten zuckersammelnde Obstpflanze der Welt. Sie kann Zucker in Form von Fructose und Glucose bilden und in ihren Beeren speichern.

Boden

Jeder Acker, jedes Feld und jeder Weinberg hat auch eine Vegetationsgeschichte und einen lagentypischen Ertragscharakter. Oft über Jahrhunderte erprobt, sind diese Erfahrungswerte die Gundlage des Weinbaus, denn jede Rebsorte bevorzugt ganz bestimmte Bodenverhältnisse. Ob Schiefer, Kies, Sand oder Lehm: Die Zusammensetzung des

Bodens findet sich neben dem Sortencharakter und der Klimaprägung in der Regel im Wein wieder. Vor allem mineralische Töne treten im Wein oft spürbar in den Vordergrund und prägen damit das Gesamtbild des Weines.

Terroir

Es ist nicht allein der Boden, auf dem die Reben wachsen, der für die Qualität und den Charakter des Weines verantwortlich ist. Vielmehr ist auch der Boden eine Zusammensetzung aus unterschiedlichen Faktoren, die man zusammengefasst als Terroir bezeichnet.

Man kann also sagen: Terroir ist das prägendste Moment für den Wein, denn Terroir ist das natürliche Zusammenspiel von Bodenstruktur, Bodenneigung, Klimata und dem kulturellen und historischen Bezug zu einer oder mehreren Rebsorten in einem Weinberg oder zu einer bestimmten Lage. Der aus diesen Faktoren über Jahrhunderte gewonnene stabile Faktor, die damit verbundene Typizität und die dadurch bedingten Traditionen des Ausbaues eines Weines nennt man Terroir. Die Einflussnahme des Winzers besteht im optimalen Fall darin, zwischen den einzelnen Faktoren Harmonie herzustellen und den Wein in seiner natürlichen Erscheinungsform anzunehmen, auszubauen und zu erhalten.

Klima

> **Der Weltweinbau findet zwischen dem 51. und 36. Breitengrad statt.**

Einer der wichtigsten Faktoren, der sich unmittelbar auf die Vegetation und damit den Reifegrad der Traube auswirkt, ist das Klima. Wie alle anderen Früchte auch brauchen die Trauben eine bestimmte Menge an Sonne, um zur richtigen Reife gelangen zu können. Trauben wie der Riesling bevorzugen kühlere Anbauregionen, andere – wie zum Beispiel Zinfandel – brauchen dagegen eher ein warmes Klima, um zu ihrer optimalen Reife zu gelangen. Amerikanische Wissenschaftler gehen davon aus, dass ein Weinbaugebiet wenigstens 2500 Sonnenstunden im Jahr bei einer Durchschnittstemperatur von 10 °C aufweisen muss. Für ihre deutschen Kollegen sind schon 1600 Sonnenstunden im Jahr ausreichend, damit der Rebanbau möglich ist.

Schwanken die klimatischen Verhältnisse in einer Region und zeigen uneinheitliche Werte, spricht man von einem so genannten Mikroklima. Die kleinste Klimaeinheit kann erklären, warum bestimmte Traubensorten nur in speziellen Lagen einer Region ihre optimalen Bedingungen finden. Gründe für diese klimatischen Besonderheiten liegen vor allem in den sonnenzugewandten Hanglagen, besonders wärmespeichernden Bodenstrukturen und deren Wasseraufnahmevermögen.

All diese Faktoren zusammengenommen sind die Basis für ein gesundes und reifes Lesegut, aus dem letztendlich die Qualität des Weines erwächst. Die Weinherstellung beginnt deswegen schon im Weinberg. Ein wichtiger Aspekt dafür ist das Zusammenspiel der Rebsorte mit Boden, Klima und Standort. Die Rebstöcke verlangen eine ebenso stetige wie sorgfältige Behandlung und Pflege. Herbizide und Pestizide kommen immer seltener zum Einsatz. Vom Ausbrechen der Augen am Rebstock, aus dem die Blattknospe wächst, bis zur Vollreife der Trauben im Herbst durchläuft der Weinstock zahlreiche Vegetationsphasen. Die Blütezeit fällt in Europa je nach Region auf die Wochen zwischen Mitte Mai und Mitte Juni. Anfang Oktober beginnt in den meisten deutschen Anbaugebieten die Weinlese. Spitzenbetriebe setzen nach wie vor auf die manuelle Ernte, um sicherzugehen, nur die reifen und gesunden Trauben zu ernten.

Wie kommt die Farbe in den Wein?

Normalerweise hat der frisch gepresste Beerensaft (Most) eine graugrüne Farbe, egal ob er aus weißen oder roten Beeren stammt. Für das Endprodukt Weißwein ist das soweit ein ganz normaler Vorgang. Für die Herstellung von Rotwein bedarf es allerdings eines speziellen Verfahrens, um die Farbe in den Wein zu bekommen: In den Beerenschalen, die je nach Rebsorte unterschiedlich dick sind, sitzen alle Stoffe – mit Ausnahme des Zuckers –, die über die Qualität eines Weines entscheiden. Dazu zählen neben den Tanninen (Gerbstoffen) und einem Teil der Geschmacksstoffe auch die Farbpigmente (Anthocyane), die vor allem in Alkohol löslich sind. Je reifer die Traube ist, umso höher ist die Konzentration dieser Farbpigmente. Das erklärt, warum Rotweine aus südlicheren Gefilden eine deutlich stärkere Rotfärbung aufweisen als Gewächse aus nördlicheren Anbauregionen. Werden die Beerenhäute durch ein Anpressen oder Mahlen aufgerissen, bekommt der Most Kontakt mit den offenen Beerenhäuten und zieht daraus seine Farbe. Für die Herstellung von Roséweinen genügen oft einige Stunden auf der so genannten Maische, um dem Saft eine rosa Farbe zu geben. Werden dagegen Rotweintrauben schnell abgepresst, ohne eingemaischt über einen längeren Zeitraum zu stehen, dann gelangen kaum Farbpigmente in den Saft und der Most bleibt weiß.

So kommt der Wein in die Flasche

Unter der Weinbereitung wird die Verarbeitung der Trauben zu Wein verstanden. Ganz entscheidend für die Qualität des Weines ist der Zustand der Trauben, denn nur aus guten und gesunden Trauben kann der Kellermeister einen entsprechend guten Wein produzieren. Nach einer zunehmenden Technisierung der Feldarbeit mit Maschinen, setzen heute qualitätsorientierte Weingüter wieder auf die teure Handarbeit. Genauigkeit, Sensibilität beim Umgang mit der Pflanze und eine den individuellen Wachstumsumständen angepasste Arbeit sind die

Vorteile gegenüber der schnelleren und günstigeren maschinellen Bearbeitung der Weinberge. Erntemaschinen, die keine Selektierung der gesunden und faulen Trauben zulassen, kommen in Spitzenweingütern nicht zum Einsatz.

Dagegen ist die Technik, die auch einen gewissen Hygienestandard garantiert, im Keller nicht mehr wegzudenken. Egal ob computergesteuerte Kaltvergärung im Edelstahltank oder traditioneller Ausbau im Holzfass: Das Pressen der Trauben, das Pumpen des Mostes, das Filtrieren der Jungweine und das Füllen der Weine werden heute fast ausschließlich maschinell bewerkstelligt. Vor der Entwicklung von Edelstahltanks wurden alle Weine im Holzfass ausgebaut. Zwar ist der Einsatz von Tanks unbegrenzt möglich, allerdings fehlen den »Tankweinen« die Geschmacksnoten, die das Holz typischerweise mit sich bringt.

Immer häufiger werden Rot- und Weißweine in kleinen Holzfässern (225 Liter), den so genannten Barriques, ausgebaut. Das Eichenholz hat einen geschmacklichen Einfluss auf den Wein, in Barrique-Weinen finden sich in der Regel Aromen von Vanille, Röstaromen und Holz. Der Ausbau der Weine in Edelstahltanks ist allerdings wesentlich kostengünstiger als der in Barriques. Die kleinen Fässer können nur wenige Male – viele Weingüter nutzen die Fässer nur ein Mal – wieder verwendet werden, da mit der Zeit der gewollte typische Holzgeschmack verloren geht.

Weisswein

Bis der Traubensaft als fertiger Wein auf die Flasche gefüllt werden kann, sind es viele Arbeitsschritte, die mit der Lese

im Herbst beginnen. Ob mit Erntemaschinen oder aufwändigen Handleseverfahren: Unmittelbar nach dem Ernten werden die Trauben zur Kelterhalle transportiert, um binnen kurzer Zeit weiterverarbeitet werden zu können. Wie bei allen anderen Arten der Weingewinnung beginnt der Prozess mit der Kelterung. Dafür gibt es zwei Methoden: Einige Winzer lassen ihre Trauben durch die Abbeermaschine laufen, damit sie von den Stielen entrappt werden. Bei der Ganztraubenpressung, die zum Beispiel zur Produktion von Champagner vorgeschrieben ist, werden die Trauben mit Stielen gepresst. Dieses Verfahren ist schonender, da hierbei die Traubenhaut erst im Pressverfahren aufplatzt. Je nach Rebsorte, Reifegrad und Gesundheitszustand der Trauben wird der Druck der Pressung dosiert und gesteuert.

Sobald der Most abgepresst ist, wird er in die Gärbehälter gefüllt. Jetzt beginnen die Hefen ihre Arbeit und verwandeln den Fruchtzucker in Alkohol. Reichen die im Most vorhandenen Hefen nicht aus, um eine Gärung herbeizuführen, werden so genannte Reinzuchthefen zugesetzt. Diese sind – gegenüber den so genannten wilden Hefen – berechenbar und vermindern das Risiko, dass der Most nicht angärt, dass die Gärung stecken bleibt oder der Wein unangenehme Nebentöne annimmt. Weißweine gären in der Regel drei bis fünf Wochen, edelsüße Weine sogar bis zu drei Monaten. Das Gärtempo hängt maßgeblich von der Temperatur im Keller bzw. im Gärbehältnis ab: Je höher die Temperatur, desto schneller verläuft die Gärung und umgekehrt.

Immer öfter wird der Gärprozess durch eine gesteuerte Kühlung beeinflusst. Die niedrigen Temperaturen machen die Hefen träge und führen zu einer verlangsamten Gärung. Dadurch werden vor allem bei Weißweinen die feinen Aromen erhalten; die vorwiegend für den schnellen Konsum bestimmten Weine bleiben spritzig und fruchtbetont. Ist die Gärung abgeschlossen, wird der Jungwein in Lagertanks oder Holzfässer gepumpt. Hier beginnt die Reifung des jungen Weines. Je nach Lagerzeit wird der Wein anschließend gefiltert und in der Abfüllanlage auf die Flaschen gezogen.

Rotwein

Zu den Grundregeln einer klassischen Rotwein-Vinifizierung gehören das Entrappen und das Mahlen der Trauben. Dadurch entsteht die so genannte Maische, ein Brei aus Saft und Traubenschalen, der in offenen Edelstahltanks oder in hölzernen Maischefässern fermentiert. Rotweine gären in der Regel schneller als Weißweine. Durch den Sauerstoffkontakt vermehren sich die Hefen schneller als in geschlossenen Behältnissen und beschleunigen den Gärprozess. Parallel zur alkoholischen Gärung vollzieht sich in der Maische die Extraktion von Farb- und Gerbstoffen aus den Traubenschalen, die dem weißen Traubensaft erst seine rote Farbe geben. Dazu wird die Maische immer wieder umgewälzt, damit der Saft mit den Schalen, die sich an der Maischeoberfläche absetzen, in Berührung bleibt. Gelöst werden die Farbstoffe durch den Alkohol, der durch die Umwandlung des Zuckers im Gärprozess entsteht.

Unterstützt wird die Extraktion zusätzlich durch die Wärme, die bei der Gärung in der Maische entsteht. Die roten Farbpigmente sind schon nach kurzer Zeit extrahiert, bei den Tanninen dauert es etwas länger. Wie lange ein Rotwein auf der Maische bleibt, hängt vor allem von der Gärtemperatur ab: Je niedriger sie ist, desto langsamer gärt die Maische. Heute werden fast alle Rotweine temperaturkontrolliert und durch Kühlsysteme gesteuert. Einfache Rotweine bleiben in der Regel knapp eine Woche auf der Maische. Gehaltvollere Rotweine können bis zu vier Wochen auf der Maische belassen werden. In kleineren Erntejahren, wenn die Schalen wenig Farbe und Tannine enthalten, bleiben die Weine relativ kurz auf der Maische, damit nicht zu viele harte und unreife Tannine in den Wein gelangen.

Nachdem die alkoholische Gärung beendet ist, machen alle Rotweine eine zweite Gärung, die so genannte Milchsäuregärung durch. Dabei wird die im Rotwein enthaltene Apfelsäure von Bakterien in die mildere Milchsäure umgewandelt. Dadurch sinkt der Säuregehalt, der Wein schmeckt weicher und voller. Bevor der Rotwein jedoch auf die Flasche kommt, sollte er eine gewisse Zeit reifen können. Der so genannte Ausbau kann im traditionellen Holzfass, dem kleinen Eichenholzfass (Barrique) oder im Edelstahltank stattfinden. Während dieser Zeit – die mehrere Jahre dauern kann – verändert sich der Wein und entwickelt, ausgelöst durch kleinste Mengen an Sauerstoff (Feinoxydation), seine sortentypischen Aromen.

ÜBERSICHT ALLGEMEINER PRODUKTIONSPROZESSE:

ABBEEREN: Trennung der Traubenbeeren von den Stielen, auch Rappen oder Kämme genannt. Ein Abbeeren führt zu weniger Gerbstoffen in der Maische und im späteren Most.
ABSTICH: Trennung des klaren Weines von abgesetzten Trubteilchen wie zum Beispiel der Hefe.
ANREICHERUNG: In Deutschland mit der Einführung des Weingesetzes von 1971 streng geregelt: Die Zugabe von Zucker ist grundsätzlich verboten. Einzige Ausnahme ist das Aufzuckern (Chaptalisieren) von QbA-Weinen vor der Gärung, um diese im Alkohol höher zu stellen.
BSA: Biologischer Säureabbau findet in der Regel nach der alkoholischen Gärung statt. Er bezeichnet alle chemischen Vorgänge, die durch Mikroorganismen zu einem Rückgang der Apfelsäure führen und diese unter Abspaltung von Kohlensäure in die mildere Milchsäure umwandeln.
FEDERWEISSER: Der angegorene Traubenmost wird auch »Neuer Wein« oder »Rauscher« genannt. Dieses spritzige Getränk mit einem hohen Hefeanteil ist nur während der Ernte direkt beim Winzer erhältlich.
GÄRUNG: Die alkoholische Gärung ist die Umwandlung von Zucker zu Alkohol und Kohlendioxid. Die Gärung wird durch Hefen ausgelöst, die als natürliche Hefen in der Traube vorhanden sind oder als Reinzuchthefen dem Most zugesetzt werden.
HEFE: Einzellige, pflanzliche Mikroorganismen, die in der Lage sind, Zucker in Alkohol umzuwandeln. Die Weinhefen bestehen meist aus *Saccharomyces cerevisiae.*

INHALTSSTOFFE: Alle im Wein vorkommenden Stoffe, die der Kellermeister in ihrer Ausprägung beeinflussen kann: Alkohol, Restzucker, Säure, Gerbstoffe und Farbstoffe.

JUNGWEIN: Wein vor der Filtration, der noch auf der Hefe liegt oder noch Restmengen an Hefe enthält.

KELTER: Auf der Kelter werden die Trauben oder die Maische zur Gewinnung des Mostes ausgepresst.

LESE: Als Lese oder Weinlese wird der Zeitraum der Ernte bezeichnet, der durch den Reifegrad der Trauben bestimmt wird.

MAISCHE: Zerkleinerte und zerquetschte Trauben, die noch den gesamten Saft enthalten, nennt man Maische.

MOST: Gepresster Saft aus den Trauben, der zur Weiterverarbeitung zu Wein bestimmt ist.

MOSTGEWICHT: Messangabe, um wie viel Gramm ein Liter Most bei konstant 20° C schwerer ist als ein Liter Wasser. Das Mostgewicht wird in Deutschland in Oechsle-Grad gemessen: Ein Liter Most, der 1,0070 Kilogramm wiegt, hat 70 Grad Oechsle.

RESTSÜSSE: Unvergorener Zucker, der als »Rest« nach der Gärung im Wein verbleibt.

SÄURE: Kommt in der Traube und im späteren Wein als Wein- oder Apfelsäure vor.

SÜSSRESERVE: Unvergorener Traubensaft, dient zur Süßung von Weinen.

WEINSTEIN: Harmloses Kaliumsalz in Form winziger Kristalle, das in Folge der Alkoholbildung und Abkühlung nach der Gärung entsteht. Weinstein ist kein Grund, einen Wein zu reklamieren.

WAS MACHT EINEN GUTEN WEIN AUS?

Eine schwierige Frage, auf die es zwei passende Antworten gibt: Zunächst wird die Qualität eines Weines bestimmt nach den vier Grundsäulen des Geschmacks: Frucht, Alkohol, Säure und Süße. Das Gleichgewicht bzw. die Harmonie dieser Komponenten bestimmen die Qualität des Weines – alle müssen in einem ausgewogenen Verhältnis zueinander stehen.

Die hohe Kunst der Weinbereitung besteht dann vor allem im Ausbalancieren von Zucker und Säure. Trockene Weine werden durch einen Touch von Süße, die auf der Zunge kaum wahrnehmbar ist, gefälliger und runder im Geschmack. Ein ideal ausbalancierter süßer Wein vermittelt dagegen den Eindruck einer eleganten, saftigen Süße, ohne klebrig zu wirken.

FRUCHT

In jedem Wein steckt Frucht: mal mehr, mal weniger. Die Frucht eines Weines ist zunächst abhängig von der Rebsorte; das sortentypische Traubenaroma prägt den Wein in besonderem Maße. Letztendlich wird die Intensität der Frucht aber auch von der Weinberglage und dem Reifezustand der Trauben während der Ernte geprägt. Entsprechend des Jahrganges kann die Frucht im Wein saftig und frisch schmecken. Ein einziges Fruchtaroma kann den Geschmackseindruck aber auch deutlich dominieren oder – im Gegenteil – sehr verhalten und dezent wirken. In der Regel ist der Fruchtgeschmack komplex und erinnert an verschiedene Früchte. Hier spricht

man von einem »Fruchtkorb«. Viele Fruchtaromen unterscheiden sich nur in Nuancen voneinander, es bedarf schon einiger Übung, die einzelnen Aromen – dazu in unterschiedlichem Reifegrad – zu unterscheiden und zu benennen.

ALKOHOL

Alkoholische Getränke gibt es weltweit in allen Variationen, angefangen von der vergorenen Stutenmilch in Sibirien bis hin zum Reiswein in Südostasien. Die Herstellung ist einfach und funktioniert fast von selbst: Alles, was Zucker enthält, kann durch Hefe zu einem alkoholischen Getränk vergoren werden. Bei der Weinherstellung wird der Zucker im Traubensaft mittels natürlicher oder zugesetzter Hefen zur Gärung gebracht. Das Ergebnis dieser Reaktion ist Alkohol, meist in Form von Ethanol. Dieser Alkohol verleiht dem Wein Körper und Struktur und entscheidet über das Geschmacksgefühl am Gaumen. Alkoholreiche Weine wirken meist schwer und breit, Weine mit geringerem Alkoholgehalt dagegen leicht, elegant und feinfruchtig.

Je mehr Zucker in den Trauben ist, desto höher kann der Alkoholgehalt ausfallen.

SÄURE

Allein das Wort erweckt bei vielen Weintrinkern ein unangenehmes Gefühl. Dabei prägt die Säure entscheidend den Charakter des Weines, gibt ihm Rückgrat und vollendet den

Geschmack. Ein günstiger Säuregehalt ist nicht nur eine Frage der Menge, sondern auch der chemischen Zusammensetzung. Die Gesamtsäure im Wein umfasst viele verschiedene Säurearten, die wichtigsten sind Wein-, Apfel- und Milchsäuren. Die Säure stammt zum Großteil von den Trauben, nur ein geringer Anteil entsteht während der Gärung. Weine aus kühleren Anbaugebieten verfügen in der Regel über mehr Säure und schmecken dadurch spritziger und frischer als Weine aus heißen Regionen. Grund dafür ist, dass mit zunehmendem Reifeprozess die Trauben an Säure verlieren. Die Kunst des Winzers besteht deshalb darin, den richtigen Lesezeitpunkt zu bestimmen, wann Zucker und Säure im richtigen Verhältnis zueinander stehen.

> Wein enthält vorwiegend Weinsäure, Apfelsäure und Milchsäure. Bei vollreifen Trauben überwiegt die mildere Weinsäure.

SÜSSE

In den Trauben sind zur Lesezeit etwa gleichviel Traubenzucker (Glucose) und Fruchtzucker (Fructose) enthalten. Je reifer die Trauben, desto höher der Zuckergehalt, der von den Hefen vergoren werden kann. Je nach Temperatur oder Alkohol können die Hefen absterben, die Gärung ist damit beendet. Was an gewünschtem Zucker nach der Gärung im Wein verbleibt, nennt man Restzucker. Dieser Restzuckergehalt wird in Gramm pro Liter gemessen, die Vorgaben sind von Land zu Land verschieden. Dennoch ist süß nicht gleich süß. Das klingt kompliziert, ist aber einfach eine Frage des Gleichgewichtes. Denn wie süß ein Wein tatsächlich schmeckt, hängt maßgeblich von dem korrespondie-

> Die Oechsle-Grade sind ein Maß für den Gesamtzuckergehalt des Mostes.

renden Säurewert ab: Je weniger Säure ein Wein hat, um so spürbarer wird seine vorhandene Süße.

Es ist zwar möglich, den Alkoholgehalt und das Mostgewicht zu messen, aber diese analytischen Parameter sagen nichts über die tatsächliche Qualität des Weines aus. Die Instrumente, mit denen allein man einen guten Wein erkennen kann, sind uns angeboren: Augen, Nase, Zunge und Gaumen.

Wenn wir unsere Sinne gut trainiert haben und richtig nutzen, bewahren sie uns zumindest vor schlechten Weinen. Natürlich kommen bei gleichem Wein selbst erfahrene Verkoster oft zu unterschiedlichen Ergebnissen in der Bewertung. Auch Sie werden als kritische Genießer Weinempfehlungen hin und wieder nicht nachvollziehen können. Und das ist auch völlig korrekt so! Vertrauen Sie in erster Linie Ihrem Geschmack. Natürlich haben Profis, die viel probiert haben, einen Wissensvorsprung, weil sie die Aromen aufgrund Ihrer Erfahrung besser vergleichen können. Das hilft Ihnen aber erst einmal nicht weiter. Denn der Wein muss Ihnen schmecken, und zwar gut schmecken. Nur das ist entscheidend! Also: Niemals aufgeben, ständig weiterprobieren, mit Maß und Verstand. Übung macht den Meister, und der Weg zur Weinkennerschaft ist von vielen leeren Flaschen gesäumt.

Bei so genannten durchgegorenen Weinen haben die Hefen ganze Arbeit geleistet und den im Traubensaft enthaltenen Zucker vollständig in Alkohol umgewandelt.

Doch darüber hinaus gibt es noch verschiedene Qualitätsstandards, die von Weinexperten festgelegt worden sind: Balance, Länge, Tiefe, Komplexität und Typizität. Natürlich unterliegen auch diese Kriterien bei der Bewertung eines Weines subjektiven Empfindungen.

Balance

Süße, Säure, Frucht und Alkohol stellen die Hauptkomponenten eines Weines dar. Der Alkohol ist dabei vor allem ein Geschmacksträger. Unter Balance versteht man die Beziehung dieser vier Komponenten zueinander. Je ausgewogener die Balance, desto besser der Wein.

Länge

»Länge« ist ein untrügliches Zeichen von Qualität. Ein guter Wein sollte mindestens 20 bis 30 Sekunden im Mund präsent sein, nachdem man ihn geschluckt hat. Man kann auch von einem »langen Abgang«, einem »langen Schwänzchen« oder »Finale« reden. Alle Umschreibungen meinen jedoch das Gleiche: Der Wein darf nicht zu kurz sein!

Tiefe

Ein guter Wein darf nicht flach und eindimensional schmecken, sondern zeichnet sich durch vielschichtige Aromen und feine Nuancen aus, die unter der Oberfläche »brodeln« und sich durch »Kauen auf dem Wein« öffnen.

Komplexität

Ein guter Wein sollte die Sinne und Geschmacksempfindungen auf verschiedenen Ebenen anregen, er sollte also komplex wirken.

Typizität

Eines der schwierigsten Merkmale, das etwas Erfahrung voraussetzt: Als »Typizität« werden Aromen und Geschmacksnuancen einer Rebsorte bezeichnet, die man in jedem Fall in einem guten Wein wiederfinden sollte. So sind zum Beispiel Cassis-Aromen und Anklänge von grüner Paprika typische Merkmale für einen authentischen Cabernet Sauvignon.

Wie kommt die Frucht in den Wein?

Wieso riecht eigentlich ein Riesling nach Apfel und Pfirsich oder ein Pinot Noir nach reifen Kirschen? Ganz einfach: Im Wein sind dieselben chemischen Verbindungen enthalten, die auch in Früchten oder Gemüse vorkommen. Rund 800 chemische Verbindungen konnten im Wein bislang identifiziert werden.

Wir erkennen diese Verbindungen als Obst oder Gemüse, weil sie im Riechhirn entsprechend abgespeichert, definiert und zugeordnet sind. Im Prinzip ist die Erinnerung unser Aromenspeicher, der nach einem Check-System funktioniert: Je mehr Gerüche und Düfte gespeichert sind, um so schneller und eindeutiger gelingt das Abrufen dieser Duftmuster.

Die Aromen im Wein haben unterschiedliche Ursprünge: Primäraromen ergeben sich aus der Traubensorte, dem Klima und dem Boden. Sekundäraromen entstehen bei der Gärung, Tertiäraromen sind auf Reife und Lagerung zurückzuführen.

Beispiel: Die Verbindung Pyrazin gibt es sowohl in grüner Paprika als auch im Cabernet Sauvignon. Äthylprylat taucht sowohl in Ananas als auch in der Chardonnay-Traube auf. Pipernol-Verbindungen finden sich genauso im Pfirsich wie in der Riesling-Traube.

Wie stark die Erinnerung an einen Geruch gebunden ist, kennt jeder aus eigener Erfahrung: Kindheitserlebnisse, Urlaubsgefühle und melancholische Stimmungen werden meist über Gerüche und Düfte ausgelöst. Mit den Weinaromen funktioniert das nicht anders. Wer genau weiß und abgespeichert hat, wie schwarze, reife Kirschen riechen, wird diesen Duft schnell im entsprechenden Wein wiederfinden.

Das Schubladensystem der Aromen

Weine anhand ihres Duftes zu beschreiben gehört zu den schwierigsten Aufgaben. Die Aromen im Wein setzen sich aus einer Vielzahl von Duftbildern zusammen, die je nach Intensität den Duftcharakter des Weines prägen. Dazu gehören neben der Rebsorte, dem Boden und dem Klima auch die individuelle Lage, der Jahrgang und nicht zuletzt die An- und Ausbaumethoden des Winzers.

Selbst wenn die Nase den Duft und die feinen Aromen längst gepackt hat, fehlen oft die passenden Worte. Denn wie lässt sich ein Duft treffend und nachvollziehbar beschreiben? Am besten und einfachsten – weil für alle verständlich – mit dem Vergleich eines schon bekannten Duftes. Der beste Lehrmeister ist dabei die Natur. Riechen Sie so oft es geht an frischem Obst, an Gemüse, und registrieren Sie ganz bewusst die Gerüche ihrer Umwelt.

Gehen Sie mit »offener Nase« durch den Garten, den Wald, über die Felder, über den Wochenmarkt, beschnuppern Sie Blumen und Bäume, Kräuter und Gewürze. Speichern Sie diese Eindrücke und füllen Sie Ihr Erinnerungsvermögen mit den unterschiedlichsten Düften und Gerüchen. Entdecken Sie dann eine Ähnlichkeit mit den Aromen im Wein – der erste Geruchseindruck setzt meist schon den Prozess des Erinnerns in Gang.

Nun gibt es aber keinen absoluten Duftstandard, wie eine Frucht zu riechen hat und an dem sich die Beurteilung streng wissenschaftlich orientieren könnte: Jeder Mensch hat ein individuelles Wahrnehmungsvermögen und kann sich daher nur auf die eigenen Eindrücke beziehen. Im Folgenden stellen wir Ihnen die wichtigsten Aromen kurz vor, die in fast allen Weinen der Welt mehr oder weniger intensiv vorkommen.

Die wichtigsten Aromen im Wein

Apfel

Der Duft nach Apfel ist eines der Grundmerkmale vieler Weißweine und Champagner, denn Apfel und Weintraube besitzen mit der Apfelsäure einen gemeinsamen Bestandteil. Vor allem die großen Rieslinge und Chardonnays haben ein markantes Apfelaroma im Bukett. Der Geschmack nach überreifen Äpfeln wird hingegen als Fehlton gewertet. Durchläuft der Most die malolaktische Gärung – auch biologischer Säureabbau genannt –, wird die Apfelsäure in Milchsäure umgewandelt.

BIRNE

Rund 1500 verschiedene Birnensorten sind heute bekannt. Das zarte Birnenaroma, das meist mit einem Touch von Vanille verbunden ist, findet sich in vielen fruchtbetonten oder likörartigen Weißweinen und Champagnern. Besonders ausgeprägt sind Birnenaromen in Chardonnays aus dem Burgund, aber auch in gereiften Rieslingen.

BANANE

Das Aromabild von reifen Bananen taucht in weißen wie auch in roten Weinen auf. In den Rebsorten Gamay, Syrah oder Chardonnay finden sich immer subtile Duftnoten, die an Bananen erinnern. Weine mit einem ausgeprägten Bananenaroma sollten jung getrunken werden.

KIRSCHE

Süß oder sauer, die Kirsche ist in beiden Varianten im Weinaroma zu finden. Vor allem junge Rotweine erinnern an den saftigen Geschmack der Kirsche, vollreife Kirscharomen mit einem Touch Süße findet man dagegen auch in älteren Rotweinen.

BROMBEERE

Brombeeren gehören zur Familie der Rosengewächse. Die

sehr aromatischen Früchte schmecken in ihrem optimalen Reifezustand saftig, gleichzeitig süß-säuerlich. Markant für die Frucht ist der intensive Brombeerenduft, der mit zunehmender Reife an Aromen von eingekochten schwarzen Beeren erinnert. Brombeeraromen findet man vorwiegend in komplexen Rotweinen.

ERDBEERE

Im Wein findet man in der Regel zwei Erdbeernuancen: Das Aroma der frischen Frucht kennzeichnet meist junge Rotweine. Die reifen Fruchtaromen, die auch an Erdbeerkonfitüre erinnern, finden sich dagegen eher in älteren, komplexen Rotweinen. Auch in fruchtigen Weißweinen sind Erdbeeraromen wahrzunehmen.

SCHWARZE JOHANNISBEERE

Das Strauchgewächs ist für seine tiefschwarze Frucht bekannt, deren Farbe auch bei der optischen Beschreibung von Rotweinen verwendet wird. Bei der sensorischen Prüfung gilt das Aroma als Klassiker und steht für eine natürliche Fruchtkonzentration des Weines. Das warme, fruchtige Aroma der schwarzen Johannisbeere ist in fast allen Pinot Noir-Weinen aus dem Burgund zu finden, ebenso in feinen Nuancen in einigen Cabernet Sauvignon- und Shiraz-Weinen aus der Neuen Welt.

Rote Johannisbeere
Der leicht säuerliche Saft der roten Johannisbeere gibt das Gefühl von Frische und feiner Spritzigkeit. Vor allem in Weinen mit einer entsprechenden Säure ist diese Aromastruktur zu finden.

Dörrpflaume
Das klassische Aroma der Dörrpflaume entwickelt sich erst beim Zusammenschrumpfen der Frucht. In heißen Vegetationsjahren tritt das typische Pflaumenaroma verstärkt auf, vor allem bei Rotweinen aus warmen Anbauregionen. Oft erinnert der schwere, leicht rauchige Duft auch an Pflaumenmus oder riecht etwas marmeladig.

Aprikose
Wie der Pfirsich, so stammt auch die Aprikose aus China. Im Wein riechen Aprikosenaromen meist etwas reifer und konzentrierter als die feinen Pfirsichnuancen. Begünstigt wird das Aroma durch die Edelfäule *Botrytis cinerea*. Die Spannweite reicht von trockenen Weißweinen bis hin zu edelsüßen Gewächsen und Likörweinen.

Pfirsich
Der duftende Pfirsich mit der seidenweichen Haut stammt ursprünglich aus China. Der feingliedrige Duft ist typisch

für frische, meist junge Weißweine. Vor allem im Riesling und in einigen Champagnern sind Pfirsicharomen auszumachen, oft begleitet von einem Hauch Veilchenaroma.

Honigmelone

Das markante Aroma der Honigmelone ist deutlich bei australischen Chardonnay-Weinen, aber auch in Süßweinen zu finden.

Ananas

Die ursprünglich aus Brasilien stammende Frucht ist mittlerweile auch in Asien und Afrika heimisch. Das leicht süßliche Ananasaroma trifft man in jüngeren Weißweinen an, mit dem Alter der Weine lässt dieser Geruch in der Regel nach. Auch in edelsüßen Weinen, Spätlesen bis Trockenbeerenauslesen findet sich das Ananasaroma, ebenso in einigen Chardonnays aus dem Burgund, Australien und den USA.

Orange

Die Orange (Apfelsine) stammt ursprünglich aus China und Indien. Das erfrischende Aroma der Orange enthält auch feine Bitterstoffe, die den süßlichen Geschmack harmonisch abfedern. Typische Orangenaromen weisen edelsüße Gewächse besonders dann auf, wenn die Trauben vom *Botrytis*-Pilz befallen waren. Zu den markantesten Gewächsen mit einem ausgeprägten Orangenaroma zählen die Grands Crus aus dem Altenberg de Bergheim/Elsass.

Pampelmuse/Grapefruit

Der Saft der größten Zitrusfrucht schmeckt erfrischend, aber auch ein wenig bitter. Im Duft ist stets ein Hauch von Schwefel zu erkennen. Die feinen Aromanoten von Pampelmuse kommen in frischen, jungen Rieslingen, Tokay Pinot Gris, Chardonnays, aber auch in feinen, edelsüßen Gewächsen vor.

Zitrone

Meist wird die klassische Zitrusfrucht mit einem Sauergeschmack in Verbindung gebracht, obwohl die eigentliche Zitronensäure geruchlos ist. Das subtile Aroma der Zitrone ist charakteristisch für das Bukett von frischen, spritzigen Rieslingen aus Deutschland und dem Elsass sowie von Sauvignon-Weinen aus Frankreich und der Neuen Welt.

Trüffel

Trüffel gehören zu den so genannten Scheibenpilzen und wachsen unterirdisch, meist im Waldboden. Ihr intensiver Geruch und aromatischer Geschmack macht sie zu begehrten Raritäten. Trüffelaromen kommen selten in Weinen vor, die Spannbreite reicht allerdings vom Sauvignon Blanc von der Loire bis zum Cabernet Sauvignon aus dem Bordelais.

Grüne Paprika

Sehr markant ist der Duft von grüner Paprika, der teilweise auch an Spargel erinnert. Das charakteristische Aroma ist in fast allen Weinen aus den Rebsorten Cabernet Franc und Cabernet Sauvignon zu finden und gilt als typisch für noch junge Bordeaux-Weine und deren Pendants in der Neuen Welt.

Pfeffer

Aromen von (gemahlenem) Pfeffer finden sich in fast allen großen Rotweinen der Welt. Im Bukett erscheint der Duft meist sehr zurückhaltend und nicht scharf, wie vielleicht vermutet. In Verbindung mit den Fruchtaromen entsteht ein harmonisches Duftbild, das die Pfeffernoten dezent unterstreicht und dem Geschmack einen Touch Würze verleiht.

Muskat/Muskatnuss

Die aromatisch duftende Muskatnuss ist der Samenkern der aprikosenähnlichen Muskatnussfrucht, die in allen tropischen Gebieten nördlich und südlich des Äquators vorkommt. Die besten Sorten stammen aus Westindien und Indonesien. Das feurig-würzig und leicht bittere Aroma der Muskatnuss wird erst beim Reiben frei, verflüchtigt sich aber sehr schnell. In Holzfass oder Barrique ausgebaute Weine verfügen meist über einen Muskatton, ebenso Rebsorten wie Morio-Muskat oder Muskateller.

Vanille

Die Vanilleschote ist die Frucht einer Orchidee, die ursprünglich aus Mexiko stammt. Das Hauptgeruchsmolekül ist das Vanillin, das schon in geringer Konzentration deutlich wahrnehmbar ist. Das typische Vanillearoma findet sich vor allem in Weinen - weiß wie rot -, die in neuen Eichenholzfässern (Barriques) ausgebaut wurden.

Gewürznelke

Der Gewürznelkenbaum, heute rund um den Indischen Ozean heimisch, stammt ursprünglich von den Molukken. Der würzige und sehr markante Duft der Gewürznelke ist charakteristisch für reife und besonders lagerfähige Rotweine, die daneben auch Aromen von Zimt, Muskat und Pfeffer erkennen lassen. Bei Weißweinen findet man Gewürznelkenaromen vor allem in reifen Gewürztraminern, aber auch in Weißweinen aus dem Bordelais oder in feinen Sauternes.

Zimt

Zimt besteht aus der getrockneten Rinde des Zimtbaumes, der in Sri Lanka und in China wächst. Das leicht süßliche, weiche Aroma mit dem orientalischen Touch taucht häufig bei Weinen auf, die im Holzfass ausgebaut wurden. Bei Rotweinen, etwa Merlot-Weinen aus dem Bordelais oder Shiraz-Weinen aus Australien, ist das Zimtaroma genauso zu finden wie in gereiften Sauternes, Tokay Pinot Gris und natürlich Gewürztraminern.

Gemähtes Heu

Was man typischerweise bei jungen Weißweinen, aber auch bei Champagnern als »frisches Heu« erschnuppert, ist der Geruch von Kumarin, das in rund 30 verschiedenen Pflanzen vorkommt. Das satte Aroma harmoniert ideal mit feinen Fruchtaromen.

Leder

Leder hat einen ganz eigenen Geruch, den jeder von neuen Lederprodukten kennt. In erster Linie handelt es sich um ein Duftgemisch aus pflanzlichen Tanninen, die zum Gerben der Tierhaut verwendet werden. Der Lederduft gehört zu den so genannten tierischen Aromen und kommt vorwiegend bei älteren Weinen vor, bevorzugt aus der Rebsorte Cabernet Sauvignon.

Tabak

Tabakaromen in unterschiedlichen Nuancen – vom frischen Tabakblatt bis hin zu geschnittenem Tabak – finden sich zumeist in etwas älteren Rotweinen, die im Barrique ausgebaut wurden.

Rosen/Rosenwasser

Die klare, intensiv duftende Flüssigkeit entsteht bei der Destillation von Rosenöl und wird vor allem im Nahen Osten als Aromazutat für Gebäck und Kuchen verwendet. Rosenwasser gibt es in Apotheken und Delikatessengeschäften zu kaufen. Besonders bei Weinen mit einem blumigen Bukett wie Traminer, Gelber Muskateller, Gewürztraminer und Grauburgunder tauchen Rosenaromen auf.

VEILCHEN

Die essbaren Blütenblätter des Veilchens werden vor allem zur Aromatisierung von Salaten verwendet. Das Extrakt aus der geschälten Veilchenwurzel passt dagegen gut zu Eis, Zucker- und Backwaren. Der aromatische Veilchenduft ist bei jungen Rotweinen wie etwa Beaujolais Primeur deutlich zu erkennen, auch junge aromatische Weißweine können Veilchenaromen im Bukett aufweisen.

BUTTER

Der Duft von frischer Butter ist dezent, aber fast jedem bekannt. Im Wein entsteht das Butteraroma während der Milchsäuregärung und zeigt sich vor allem bei jungen, kräftigen Chardonnays, die im Barrique ausgebaut wurden. Längst zum Markenzeichen der großen weißen Burgunder geworden, weisen die fetten Chardonnays aus Südafrika, Australien und den USA ebenfalls frische Butteraromen auf.

KAFFEE

Die heutigen Kaffeebohnen kommen hauptsächlich aus Mittel- und Südamerika. Das komplexe Aroma des Kaffees enthält rund 850 verschiedene Bestandteile. Vor allem die Röstaromen finden sich in feinen Duftstoffen in Weinen wieder, die in neuen, getoasteten Holzfässern ausgebaut wurden.

Auch alte Jahrgangschampagner weisen oft eine dezente Kaffeenote auf.

Geröstetes Brot

Der Duft von frischem und geröstetem Brot gehört zum normalen Vokabular der Weinansprache. Hauptsächlich findet man diese Aromen in Weißweinen, wie etwa Chardonnays oder Sauvignons Blancs, die in neuen Eichenfässern ausgebaut wurden. Vor allem die Chardonnays aus dem Burgund, Australien und den USA zeigen in ihrer Jugend deutliche Noten von geröstetem Brot.

Bitterschokolade

Grundbestandteil einer guten Schokolade ist der Kakao. Das Aroma des Kakaos enthält rund 500 verschiedene Bestandteile, die markantesten davon finden sich im Wein wieder. In erster Linie sind Schokoladen- oder Kakaotöne in reifen Rotweinen zu finden, meist begleitet von dezenten Röstaromen, die vom Toast der kleinen Eichenholzfässer kommen.

Lakritz

Aus der Süßwurzel bzw. dem Süßholz wird die Lakritzessenz gewonnen, die gleichzeitig süß und stark am Gaumen schmeckt. Lakritznoten finden sich vor allem in tanninreichen Rotweinen der klassischen Rebsorten Merlot, Cabernet Sauvignon und Pinot, die im Holz ausgebaut sind. Das trifft auf die großen Bordeaux-Weine genauso zu wie auf Rotweine aus dem Rhône-Tal, dem Burgund und der Neuen Welt.

Honig

Honig und Wein sind seit der Antike miteinander verbunden, wurden doch die Weine in der Regel mit Honig angereichert. Das blumige Honigaroma erinnert an gedörrte Aprikosen, verbunden mit Duftnuancen von Wachs. Die feinen, leicht süßlichen Honignoten kommen in allen großen, edelsüßen und likörartigen Weinen vor und sind – sofern klar und blumig – das Merkmal einer außerordentlichen Qualität.

Karamell

Das Karamellaroma erinnert an die klassischen Sahnebonbons, die aus frischer Milch, Butter und Sahne hergestellt werden. Diese feinen Karamelltöne ziehen sich durch viele große Rotweine aus dem Bordelais und dem Burgund und sind ein Zeichen für Finesse und Eleganz. Karamell dient in der Weinansprache auch zur Beschreibung eines Farbtones, den vor allem ältere Rotweine annehmen.

Mandel

Die ovale Steinfrucht des Mandelbaums gibt es in den Variationen süß oder bitter. Leichte Bittermandeltöne zeigen sich vor allem in Spätburgunder-Weinen aus Schieferböden, in kräftigen Weißweinen oder in Rotweinen mit unreifen Tanninen.

Die Rebsorten

Die Rebsorten

Was ist Ihre Lieblingsrebsorte? Diese Wahl kann zur sprichwörtlichen Qual werden, denn immerhin gibt es rund 10 000 verschiedene Rebsorten. Allerdings haben sich davon nur wenige weltweit etabliert und als *global player* Bedeutung erlangt. Die Weinwelt dreht sich mittlerweile um einige wenige Rebsorten, die in fast allen Anbaugebieten rund um den Globus zu finden sind. Bei der zunehmenden Internationalisierung von Rebsorten spielt weniger die Kompatibilität mit Klima und Boden eine Rolle als vielmehr der Weinstil, für den die Rebsorte steht, und dessen erfolgreiche Vermarktung.

In erster Linie bestimmt die Rebsorte den Charakter des Weines. Sie ist das prägendste Moment im Wein und damit auch in Verkostungen am leichtesten zu bestimmen. Je nach den Rahmenbedingungen wie Boden, Klima, Wasserversorgung und Anbaumethoden des Winzers variiert dieses grundlegende Geschmacksbild der Rebsorte. Ihre Charakteristika behält jedoch jede Rebsorte, auch unter den unterschiedlichsten Bedingungen. Und gerade mit der zunehmenden Internationalisierung des Weinkonsums gewinnt die Rebsorte als Zuordnungsfaktor und Wiedererkennungsmerkmal immer mehr an Bedeutung.

Populäre Rebsorten sind in aller Munde, aktuell machen die 50 meistangebauten Sorten knapp 95 Prozent der gesamten Weinproduktion weltweit aus, Tendenz weiter steigend. Das Gros dieser erfolgreichen Sorten stammt aus der europäischen Weinwelt, wo sie sich seit Jahrhunderten bewährt haben, bevor sie von Weinbaupionieren auch in die Neue Welt gebracht wurden. Viele dieser Rebsorten treten nun ihren Siegeszug in die umgekehrte Richtung an und machen Weine populär, die im alten Europa längst von ihrem Glanz eingebüßt hatten. Bestes Beispiel ist die Chardonnay-Welle aus der Neuen Welt zu Beginn der 1990er-Jahre, die der klassischen Rebsorte aus dem Burgund zu einer neuen - wenn auch nicht immer strahlenden - Popularität verholfen hat. Immerhin wurde der Focus wieder verstärkt auf diese alte Rebsorte gelegt und von manchem Winzer - gerade auch in Deutschland - zu neuen Ehren geführt.

Berühmte Rote

Barbera

Die ertragsreiche und vielseitige Rotweintraube ist vor allem in den heißeren Anbauregionen wegen ihres hohen Säuregehaltes beliebt. Im Piemont - sehr wahrscheinlich die Heimat der Rebsorte - hat die Barbera-Traube noch einen entscheidenden Anteil an der Rebfläche. Die Weine sind meist relativ gerbstoffarm, säurereich und erinnern in ihren Aromen an Sauerkirschen, Gewürznelken, Tabak und Marmelade von schwarzen und roten Beeren. Die Bandbreite reicht von leichten Weinen über junge, spritzige Gewächse bis hin zu charaktervollen, kräftigen Rotweinen. Barbera-Weine vertragen eine relativ lange Kellerreife, der Ausbau in kleinen Eichenholzfässern bringt dem Wein die typische Würze und puffert etwas die Säure ab.

Cabernet Franc

Die französische Traditionssorte steht bis heute im Schatten ihres weitaus bekannteren Verschnittpartners Cabernet Sauvignon. Lediglich in den Weinregionen Anjou-Touraine im Loire-Tal und auf dem rechten Gironde-Ufer im Bordelais hat sie die Nase vor dem ewigen Konkurrenten. Gegenüber dem Cabernet Sauvignon präsentieren sich die Cabernet Franc-Weine in der Farbe heller und etwas leichter im Tannin, mit einer deutlichen Frucht und dezenten Kräuteraromen. Neben den wenigen sortenreinen Cabernet Franc-Weinen wird die Rebsorte auch in der Neuen Welt vor allem für das Verschneiden mit Cabernet Sauvignon kultiviert.

Cabernet Sauvignon

Die berühmte und meistangebaute Rotweinsorte hat sich längst von ihrer Hochburg im Bordelais, wo sie erst Ende des 18. Jahrhunderts im großen Stil angebaut wurde, auf große Teile der Alten und Neuen Welt ausgedehnt. Die dunkelfarbigen Weine zeigen einen hohen Gerbstoffgehalt, sind lange lagerfähig und altern nur ganz allmählich. Die sortenreinen Weine sind bukettreich, kräftig und rassig; im Duft erinnern sie an schwarze Johannisbeeren, Zedernholz und schwarzen Pfeffer. Die Verschnitte mit den milderen Rebsorten Cabernet Franc, Merlot, Malbec und Petit Verdot bringen ausdrucksstarke Weine mit kräftigem Körper hervor.

Carignan

Die Rebsorte, deren Anbaufläche in Frankreich fünfmal größer als die des Chardonnays ist, beherrscht vor allem die Weinberge des südlichen Languedoc. Wegen der späten Reife der Trauben gedeiht die Rebsorte fast ausschließlich im warmen Klima, so etwa neben Italien und Spanien auch in Kalifornien, Mexiko und Israel. Große Weine sind aus der schon im Anbau schwierigen Rebsorte kaum zu erzielen, nur besonders sorgfältig gepflegte alte Weinstöcke bringen Carignan-Weine mit echtem Charakter hervor. In manchen Weinbergen im Languedoc und vor allem im Roussillon ist die weiße Mutation, der Carignan Blanc, zu finden.

Dolcetto

Die Rebsorte wird fast ausschließlich in den Provinzen Cuneo und Alessandria im Piemont angebaut. Die säurearmen, aber tiefdunklen Weine zeichnen sich durch ihren außerordentlich milden, runden und fruchtigen Geschmack aus und zeigen am Gaumen feine Aromen von Süßholz und Mandel. Dolcetto-Weine sollten jung getrunken werden. In den ersten zwei bis drei Jahren erreichen sie ihren geschmacklichen Höhepunkt. Im Piemont gibt es sieben DOC-Bereiche für Dolcetto: Acqui, Alba, Asti, Diano d'Alba, Dogliani, Langhe Monregalesi und Ovada.

GAMAY

Keine andere Weinregion ist so vollkommen auf eine einzige Rebsorte festgelegt wie das Beaujolais auf die Gamay-Traube. Aufgrund ihres edlen weißen Fruchtfleisches trägt die Rebsorte die offizielle Bezeichnung *Gamay Noir à Jus Blanc*. Die Rebsorte, die vor allem in kühleren Weinregionen ihre optimalen Wachstumsbedingungen findet, treibt früh aus, die Trauben sind daher spätfrostgefährdet. Die Weine präsentieren sich in der Farbe heller und bläulicher als andere Rotweine, die Gewächse verfügen in der Regel über eine kräftige Säure und ein frisches Fruchtaroma mit Noten von Banane, Konfitüre und Azeton.

GRENACHE

Die am zweithäufigsten angebaute Traubensorte der Welt hat ihren Ursprung in Spanien. Die Rebe treibt früh aus und kann in Anbaugebieten mit einer relativ langen Vegetationsphase einen kräftigen Zuckergehalt erreichen. Die Weine präsentieren sich in der Farbe heller als andere Rotweinsorten. Vor allem im französischen Rhône-Tal bringt die Rebsorte konzentrierte, vollmundige und würzige Rotweine hervor.

In Australien war Grenache noch bis Mitte der 1960er-Jahre die meistangebaute Rebsorte, wurde aber mittlerweile von Shiraz und Cabernet Sauvignon überholt. Als Grenache Blanc wird die Traube fast ausschließlich für Verschnitte genutzt.

Malbec

Die noch vor rund 50 Jahren im Bordelais sehr populäre Rebsorte hat heute ihren Standortschwerpunkt im Cahors (Südwestfrankreich) und vor allem in Argentinien, wo sie die meistangebaute dunkle Rebsorte ist. Sortenreiner argentinischer Malbec (Malbeck) erinnert im Stil an den Bordeaux, auch wenn ihm meist die elegante Struktur der Weine aus dem Bordelais fehlt. Auch in Chile wird Malbec kultiviert, die chilenischen Weine präsentieren sich allerdings etwas tanninherber als die vergleichbaren Gewächse aus Argentinien. In geringen Mengen wird Malbec auch in Nordostitalien und Südafrika angebaut.

Meunier

Die Rotweinsorte gehört zu den meistangebauten Rebsorten Frankreichs, was sie vor allem ihrer Verwendung bei der Champagnerproduktion zu verdanken hat. Insgesamt nimmt die Rebsorte rund 40 Prozent der Anbaufläche der Champagne ein. Zuverlässig im Ertrag, dabei robust und geeignet für kühlere Nordlagen im feuchten Marne-Tal, ist die Meunier-Traube eine relativ einfach zu kultivierende Sorte. Dem Champagnerverschnitt verleiht sie – neben Pinot Noir und Chardonnay – ihre ausgeprägte Fruchtigkeit. In Deutschland ist Meunier auch unter der Bezeichnung Müllerrebe oder Schwarzriesling bekannt.

Merlot

Im französischen Bordelais ist die schwarzblaue Merlot-Traube die meistangebaute Rotweinsorte. Daneben wird Merlot vor allem in den nordöstlichen Weinregionen Italiens angebaut, auch die Neue Welt hat die vollmundige Traubensorte entdeckt. An guten Standorten reift Merlot sehr früh, garantiert relativ hohe Erträge und bringt Weine mit einem hohen Alkoholgehalt hervor. Sortenreine Merlot-Weine haben eine dunkelrote Farbe, schmecken vollmundig und besonders pflaumenwürzig. Ihre Trinkreife erhalten die Weine im Durchschnitt erst nach Jahren.

Nebbiolo

Die Nachweise über den Anbau der Sorte reichen bis ins 13. Jahrhundert zurück. Die Nebbiolo-Traube bringt die besten Weine auf dem kalkhaltigen Mergelboden in den DOCG-Bereichen Barolo und Barbaresco hervor. Die anspruchsvolle, spätreife Traube aus dem Piemont ergibt relativ hellfarbige, aber sehr tanninreiche und langlebige Gewächse. Die alkoholbetonten, trockenen Weine mit dem intensiven ätherischen Duft erinnern an getrocknete Rosen und Veilchen. Sehr säurebetont und tanninhaltig entfalten sie ihre vollen Geschmacksaromen erst nach einigen Jahren der Lagerung.

Pinot Noir

Der Pinot Noir zählt zu den ältesten Kulturreben der Menschheit, obwohl sie an Weinberglage und Kellertechnik gleichermaßen hohe Ansprüche stellt. Dennoch ist die Rebsorte, deren Ursprünge im Burgund liegen, in fast allen Weinbauregionen der Welt heimisch. Der Pinot Noir bevorzugt ein gemäßigtes Klima und zeigt daher in den heißeren Anbauregionen immer wieder Schwächen. Die berühmtesten Pinot Noir-Weine kommen aus dem Burgund und tragen die Namen Chambertin, Musigny, Pommard und Volnay. Die Weine zeigen ein tiefes Burgunderrot, erinnern im Bukett an Brombeeren und verfügen über eine fruchtige Säure.

Sangiovese

In verschiedenen Varianten – Brunello, Prugnolo Gentile und Morellino – ist der Sangiovese, die meistangebaute Rotweinsorte Italiens, für viele feine toskanische Rotweine der Grundbestandteil. Er ist auch als einzige Traube für den berühmten Brunello di Montalcino zugelassen und bildet zudem den Grundstein für Chianti, Vino Nobile di Montepulciano und einen Großteil der großen toskanischen Weine. Die Weine brauchen etwas Zeit, um ihr ganzes Aromenpotenzial zu entwickeln. Die intensiv rubinroten, meist trockenen Weine haben ein typisches Veilchenbukett und im Abgang eine leichte Bitternote.

Syrah/Shiraz

Die berühmtesten Syrah-Weine wachsen heute an den Côtes du Rhône – Hermitage – und an der Côte-Rôtie. Im Châteauneuf-du-Pape und anderen Weinen der südlichen Rhône ist die Syrah-Traube ebenfalls enthalten, in der Provence wird Syrah häufig mit Cabernet Sauvignon vermischt. In Australien ist die Rebe unter dem Namen Shiraz seit Jahrzehnten die meistangebaute Rotweinsorte des Landes. Besonders die Weine aus Barossa Valley gelten als erstklassige Gewächse. Die Weine sind tiefrot, sehr tanninreich und haben ein interessantes Aromagemisch von Veilchen, Tabak, Trüffel und Lakritze.

Tempranillo

Die Tempranillo-Traube, die bedeutendste spanische Rebsorte, wird vor allem im Rioja Alta und im Rioja Alavesa angebaut. Aus den dickschaligen Trauben werden dunkle, langlebige Weine gekeltert, die – im Gegensatz zu den sonstigen spanischen Gewächsen – nicht sonderlich alkoholhaltig sind. Die Tempranillo-Weine haben ein fruchtiges Bukett mit einem leichten Himbeerton, sind in der Regel relativ säurearm und leicht. Deswegen wird Tempranillo oft mit anderen, saftigeren und duftigeren Rebsorten verschnitten. Im Rioja sind dies vor allem Garnacha, Mazuelo, Graciano und Viura.

Berühmte Weiße

AUXERROIS

Die klassische französische Rebsorte, die vor allem in Nordostfrankreich, der Loire, Luxembourg und dem Elsass kultiviert wird, hat viel Ähnlichkeit mit dem Pinot Blanc, mit dem die Rebsorte vor allem im Elsass häufig verschnitten wird. Werden die Ernteerträge beschränkt, dann bringt die Rebsorte gehaltvolle und vor allem lagerungsfähige Weine hervor, die mit zunehmendem Alter im Bukett eine feine Honignote bekommen und an einen reifen Chablis erinnern. In Deutschland wird Auxerrois fast nur noch in Baden angebaut.

CHARDONNAY

Die Weine aus der Chardonnay-Traube werden in der Regel trocken ausgebaut, um die nervige Säure und den Sortentyp voll zum Ausdruck zu bringen. Die Weine bilden auch die Grundsorte für Champagner. Mit ihrer frischen, fruchtigen, teils rassigen Art sind die gut lagerungsfähigen Weine von stoffigem und nachhaltigem Sortencharakter und erinnern im Duft vor allem an nicht ganz reife Äpfel. Hochwertige Chardonnays eignen sich hervorragend für den Barrique-Ausbau. Die berühmtesten Chardonnay-Weine wachsen im Burgund bei Puligny-Montrachet, Meursault, Corton-Charlemagne und Chablis.

Chasselas

Sie gilt als eine der ältesten Rebsorten der Menschheit. Verbreitet ist die feine Chasselas-Traube, die fruchtige, leichte Weine hervorbringt, fast über alle Anbaugebiet der Welt. Bedeutung hat sie allerdings in nur wenigen Regionen erlangt. In der Schweiz ist die Rebsorte als Fendant ein Begriff, in Frankreich ist Chasselas dagegen weiter auf dem Rückzug, nur an der Loire gibt es noch nennenswerte Bestände. In Deutschland als Gutedel, in Österreich als Moster oder Wälscher kultiviert, ist Chasselas auch vereinzelt in Italien, Nordafrika, Chile, Neuseeland und Kalifornien anzutreffen.

Chenin oder Chenin Blanc

Die Rebsorte, die ursprünglich aus dem Loire-Tal stammt, gilt als eine der vielseitigsten Trauben des Weltweinbaues. Sie ist in der Lage, feine und langlebige süße Weißweine hervorzubringen, wird in der Neuen Welt aber vielfach noch als Verschnitttraube in der Tafelweinproduktion verwendet. Dazwischen liegt das ganze Spektrum der Chenin-Traube, die in Südafrika noch die meistangebaute Rebsorte ist und auch in Kalifornien einen hohen Anteil an der Rebfläche auf sich vereinigt. Die sortenreinen Weine präsentieren sich in der Regel erfrischend mit einem an Honig und feuchtes Stroh erinnernden Geschmack.

Grüner Veltliner

Die wichtigste Rebsorte Österreichs ist in den letzten Jahren wieder zu neuen Ehren gekommen. In Niederösterreich entfällt auf die ertragreiche und besonders widerstandsfähige Rebsorte mehr als die Hälfte der gesamten Weinproduktion. Die Bandbreite reicht vom einfachen Zechwein bis zu internationalen Spitzengewächsen, in denen sich Bukettreichtum und Substanz in einem eleganten Stil vereinigen, der an die großen Weine des Elsass erinnert. Der typische Grüne Veltliner ist klassisch trocken, hat einen leicht pfeffrigen und würzigen Geschmack und trinkt sich in den ersten zwei, drei Jahren am besten.

Macabeo

Auch im französischen Roussillon und im Languedoc ist die in Nordspanien meistangebaute Rebsorte stark verbreitet, dient dort allerdings mehr dem Verschneiden der meisten AC-Weißweine. Die Rebsorte, die ursprünglich aus dem Nahen Osten stammt, bringt starke Erträge und ist relativ hitzeresistent. Die Weine sind meist geprägt von einem blumigen Bukett, verfügen aber über eine relativ schwache Säure. In der spanischen Weinregion Rioja ist die Traube unter dem Namen Viura bekannt und macht dort rund 90 Prozent der gesamten Weißweinproduktion aus.

Marsanne

Einen echten Karrieresprung erlebte diese weiße Rebsorte in den letzten Jahren in der Alten und Neuen Welt. Sicherlich hat die gute Ertragsfähigkeit mit zu der Popularität beigetragen. Immer häufiger taucht Marsanne in den Weinbergen des französischen Midi auf und wird mittlerweile auch zum körperreichen, charaktervollen, sortenreinen Wein ausgebaut. Die Weine sind ausgesprochen tief in der Farbe, zeigen ein volles Aroma mit deutlichen Noten von Mandeln. In Australien gibt es vor allem in Victoria einige der ältesten Marsanne-Bestände der Welt.

Müller-Thurgau

Die vielfach verschmähte Rebsorte – eine Kreuzung aus Riesling und Gutedel – ist immer noch die am häufigsten angebaute Weißweinsorte in Deutschland.

Der relativ frühreife Müller-Thurgau gilt als besonders ertragreiche und leicht zu kultivierende Sorte, bringt in der Regel jedoch recht einfache Weine hervor. Die süffigen, oft auch blumigen Weine weisen einen leichten Muskatton auf und gelten durch die relativ milde Säure als besonders bekömmlich. Die Aromen erinnern an grüne Äpfel, Zitronen, schwarze Johannisbeeren, Geranien, Muskatnuss und grüne Paprika. Für den Einsatz in der Neuen Welt ist die frühreife Sorte wenig geeignet, allein in Neuseeland gibt es nennenswerte Rebflächen mit Müller-Thurgau.

Muscat Blanc à Petits Grains

Die älteste und edelste unter den Muskatellersorten verfügt über eine außerordentliche Konzentration an feinen Aromen, die an Orangenblüten und exotische Gewürze erinnern. Die kleinen Beeren – wie der Name verdeutlicht – variieren in der Farbe von hell- bis dunkelrot. Neben dem klassischen Anbauland Frankreich wird Muscat auch zunehmend in der Neuen Welt kultiviert: In Australien unter dem Namen Brown Muscat und Frontignac, in Südafrika unter der Bezeichnung Muscadel. In Kalifornien wird Muscat hauptsächlich im Central Valley angebaut.

Pinot Blanc

Die französische Rebsorte ist eine weiße Mutation des Pinot Gris, der wiederum eine hellere Version des Pinot Noir darstellt. Lange Zeit wurde zwischen dem Pinot Blanc und dem Chardonnay nicht unterschieden, da sie sich geschmacklich durchaus ähneln und über ein oftmals pikant-würziges Bukett, dezente Mandeltöne und feine grüne Apfelaromen verfügen. Verbreitet ist der Pinot Blanc vor allem in Mitteleuropa, das Anbauzentrum liegt im Elsass. In Deutschland ist der Pinot Blanc als Weißburgunder oder Weißer Burgunder bekannt, in Osteuropa wird er unter dem Namen Beli Pinot angebaut. Die Weine sind körperreich, zuweilen elegant und können bis in die höchsten Qualitätsstufen reichen.

Riesling

Die kleine runde Rieslingtraube gilt als die Königin unter den Weißweinsorten. Das hängt maßgeblich mit ihrer Flexibilität zusammen, denn kaum eine andere Rebsorte deckt ein solch großes Qualitätsspektrum ab wie der Riesling. Der relativ hohe Säuregehalt macht sie dazu noch fast unbegrenzt lagerfähig. Dies gilt vor allem für die edelsüßen Riesling-Gewächse wie Beerenauslese, Trockenbeerenauslese oder Eiswein, die zu den Spezialitäten der Rebsorte gehören. Besonders in kühlen Anbauregionen bringt die spät reifende Rebsorte feine, elegante Weine hervor, die über Jahrzehnte hinweg erstaunlich frisch bleiben. In seinem Bukett erinnert der Riesling an Weinbergpfirsich, Apfel, Grapefruit, Rosenblüten, Honig und frisches Gras. Außer in Deutschland, Österreich und dem Elsass spielt der Riesling – gegenüber anderen Rebsorten – weltweit nur eine untergeordnete Rolle.

Sauvignon Blanc

Die französische Rebsorte, die immer öfter auch in der Neuen Welt zu finden ist, liefert einige der charaktervollsten trockenen Weißweine. Die körperreichen Sauvignons verfügen über ein kräftiges Aroma, meist mit einer sehr erfrischenden Note, die an grüne Früchte erinnert. Begleitet wird das Aroma häufig von Duftstoffen wie Passionsfrucht, Zitrus, Johannisbeeren und einem Hauch von Spargel. Ein Ausbau im kleinen Holzfass (Barrique) kann den fruchtigen Charakter angenehm verstärken. Lediglich in den heißeren Anbaugebieten der südlichen Hemisphäre zeigen die Sauvignons weniger Frische und Würze.

Sémillion

Die Sémillion-Traube, deren Ursprung in Südwestfrankreich liegt, ist heute vor allem in den Anbauregionen der Neuen Welt zu finden. Während der Sémillion in den kühlen Anbaugebieten von Neuseeland, Australien und im Staat Washington eher etwas grasig wirkt, sind die Sémillion-Weine aus Chile dagegen voluminös und kräftig. In Europa spielt der Sémillion fast nur noch in Frankreich eine Rolle, wo er für trockenen und süßen Weißwein zugelassen ist. Im Verschnitt mit Sauvignon Blanc bildet die Rebsorte einen wichtigen Bestandteil des Sauternes, einem der langlebigsten Süßweine der Welt.

Viognier

Der Condrieu ist wohl der berühmteste Wein, der aus der Viognier-Traube gekeltert wird. Die tiefgelben Trauben verleihen dem Wein eine kräftige Farbe, der relativ hohe Alkoholgehalt und das duftige Bukett mit Aromen von Aprikosen, Pfirsichen und Blumen haben den Viognier bekannt gemacht. Neben Frankreich, dessen Viognier-Bestände wieder kontinuierlich zunehmen, gibt es einige Weinberge in Australien, in denen die Rebstöcke kultiviert werden. Die raren Weißweine aus der Viognier-Traube sollten jung getrunken werden, wenn ihr außergewöhnlicher Duft noch am kräftigsten ausgeprägt ist.

Weinbauländer & Weinbauregionen

Weinbauländer & Weinbauregionen

Ob Klassiker oder Newcomer: Wein ist als Handelsgut international geworden, das Angebot an Gewächsen aus aller Herren Länder war zu keiner Zeit so groß wie heute. Dominierte noch vor einigen Jahrzehnten die Alte Welt mit den traditionsreichen Weinbaunationen Frankreich, Italien, Deutschland und Spanien die Weinszene, so hat die Neue Welt längst ihren Platz im internationalen Markt gefunden. Mit riesigen Investitionen und einem gesunden Pioniergeist haben die Übersee-Länder in Sachen Qualität enorme Fortschritte gemacht. Schnelle Transportwege bringen heute die unterschiedlichsten Weine in alle Märkte und lassen Vergleich zu: So finden die Weine der Neuen Welt ihren Weg in die Alte Welt und umgekehrt; die jahrhundertealte Tradition der klassischen Weinbauländer trifft auf die Unkompliziertheit der noch relativ jungen Weinbauländer – eine interessante Konstellation, die dem Verbraucher eine vielfältige Weinwelt eröffnet und neue Geschmackserlebnisse zulässt. Zwar sind viele dieser Weine aus der gleichen Rebsorte gemacht, dennoch sind die Resultate mehr als nur Kopien der Weine aus der Alten Welt. Im Gegenteil: Die Weine sind so unterschiedlich wie das Klima und der Boden, auf dem sie wachsen.

Alt und neu im Überblick

Alte Welt

- Terroir mit den Erfahrungswerten aus Jahrhunderten als einzigartiges Phänomen
- Überwiegend kleine, individuelle Weingüter mit eigener Traubenproduktion
- Sortenvielfalt
- Produktion von lagerfähigen Weinen
- Traditioneller Holz- und Barrique-Ausbau
- Klimabedingte starke Jahrgangsschwankungen
- Image- und Marktvorsprung durch Tradition
- Hohes Maß an Qualitätsreglementierungen und Klassifizierungen

Neue Welt

- Große Weinfirmen bestimmen den Markt
- Multi District Blends – Erzeugung bestimmter Weinstile in großen Mengen
- Zukauf von Trauben in größerem Umfang als in Europa üblich
- Produktionskonzentration auf wenige international renommierte Traubensorten
- Markenweinproduktion für den schnellen Konsum
- Weniger Jahrgangsschwankungen durch relativ stabiles Klima
- Modernste Kellertechnik unter Anwendung neuer Produktionsverfahren
- Günstigere Produktionskosten

Deutschland

Für den Weinbau ist Deutschland Grenzland, denn die deutschen Anbauregionen liegen nahe dem 51. Breitengrad, der als nördlichste Klimagrenze für den Rebenanbau gilt. Geprägt von einem relativ kühlen kontinentalen Klima – warme Sommer, kalte Winter – reifen die Trauben nur langsam und werden in der Regel erst Mitte Oktober gelesen. Die Gesamtweinbaufläche beträgt rund 105 000 Hektar, Deutschland zählt damit zu den kleineren Weinbaunationen. So unterschiedlich wie die Bodenstrukturen und Weinlagen der einzelnen Gebiete, so verschieden sind auch die Weinstile. Deutschland, das auf eine glanzvolle und erfolgreiche Weinbaugeschichte zurückblicken kann, gilt als das Land des Rieslings, der in den relativ kühlen Regionen ideale Voraussetzungen findet. Rund 20 Prozent der Anbaufläche ist mit Riesling bepflanzt, der in den letzten 200 Jahren die Qualitätsbewertung deutscher Weine im In- und Ausland maßgeblich geprägt hat.

Die deutsche Qualitätspyramide in aufsteigender Reihenfolge: Tafelweine, Qualitätsweine bestimmter Anbaugebiete (QbA), Kabinett-Weine, Spätlesen, Auslesen, Beerenauslesen (BA), Trockenbeerenauslesen (TBA) und Eisweine.

AHR

Wer »Ahr« sagt, der denkt fast unweigerlich an die tiefroten, eleganten Weine, die das Anbaugebiet zwischen dem 50. und 51. Breitengrad zum »kleinen Rotweinparadies« gemacht haben. Dabei gehört die Ahr mit ihrer Großlage Klosterberg

und den 43 Einzellagen zu den nördlichsten Weinregionen Europas. Dennoch wachsen gerade hier elegante Spätburgunder, die in den letzten Jahren einen wahren Boom erlebt und der deutschen Rotweinwelt deutliche Impulse gegeben haben. Das Ahrtal, dessen weinbauliche Geschichte sich über 1000 Jahre zurückverfolgen lässt, erstreckt sich auf rund 30 Kilometer zwischen Eifel und Rhein. Noch unmittelbar nach dem Zweiten Weltkrieg war die Rebfläche an der Ahr doppelt so groß wie heute, aber die schwierige Bodenstruktur hat viele kleinere Winzerbetriebe zum Aufgeben gezwungen. Die meisten der Weinberge sind Steillagen, deren Bewirtschaftung nicht nur mühsam, sondern auch – trotz der Rebflurbereinigung der letzten Jahre – teuer ist. Nur ein kleiner Teil – rund 15 Prozent der Rebfläche – ist auf terrassenförmigen Hängen angelegt, und nur zehn Prozent der Weinberge liegen in der Ebene. Aber das Ahrtal bietet den Reben ideale Klima- und Wachstumsbedingungen. Während im unteren Ahrtal mit seinen Basaltkegeln und Gartenlandschaften tiefgründige Lößböden vorherrschen und den Weinen einen sanfteren und weicheren Charakter geben, bestimmen

Schiefer, Schieferverwitterung und Grauwacke die Böden des mittleren Ahrtals. Hier staut sich zwischen den engen Felswänden des gewundenen Tals die Wärme wie in einem Backofen. Die zerklüfteten Felsen und der Schieferboden sind ideale Wärmespeicher und geben die Sonnenwärme in einem permanenten Austausch an die Reben ab. Zusätzlich schützen die nahen Eifelberge die steilen und terrassenförmig angelegten Weinberge im zerklüfteten mittleren Ahrtal vor kühlen Winden und allzu großen Temperaturschwankungen. Fast schon wie in einem Treibhaus stehen die Weinberge an der Ahr in einem mediterranen Kleinklima, das für diese Breiten und die nördliche Lage des Anbaugebietes erstaunlich hohe Durchschnittstemperaturen aufweisen kann. Das kommt in erster Linie den Spätburgunderreben zugute, die mit 246 Hektar knapp die Hälfte der Rebfläche bedecken, Tendenz steigend. Zwar gibt es immer noch die Ahr-Rotweine mit deutlicher Restsüße, aber die trockenen, rubinroten, eleganten Weine mit dem feinen Bukett sind auf dem Vormarsch. Immer häufiger werden die »Ahrburgunder« – die man aber nicht mit den klassischen Rotweinen aus der Burgund vergleichen sollte – im kleinen Holzfass ausgebaut. Eine besondere Spezialität sind die gehaltvollen Spätburgunder-Auslesen. Leichtere und hellere Rotweine, die vor allem gut gekühlt im Sommer getrunken werden, bringt die Portugieser-Rebe hervor; die Domina-Rebe – eine Kreuzung aus Portugieser und Spätburgunder – liefert säurebetontere Rotweine.

Aber auch der Weißwein hat seinen Platz im Anbaugebiet Ahr, allen voran der Riesling. Auf rund 50 Hektar stehen die Rieslingreben vorwiegend in den steinigen Steillagen mit wenig Humus, die nach Süden gerichtet sind. Die Rieslingweine erhalten hier ihre bestechende, blumige Säure, ganz im Gegensatz zu den Weinen aus der Müller-Thurgau-Rebe, die deutlich auf dem Rückzug ist. Die Lagerfähigkeit der Ahrweine ist – bis auf wenige Ausnahmen wie die schnell trinkreifen Portugieserweine – gut, dennoch findet man kaum ältere Jahrgänge. Die enorme Nachfrage, die das Anbaugebiet seit Jahren erfährt, und die relativ kleinen Erntemengen haben die meisten Keller leer geräumt. Von den knapp 900 Winzerbetrieben sind rund 80 Prozent Nebenerwerbswinzer mit weniger als einem Hektar Rebfläche, die sich zum größten Teil in Winzergenossenschaften zusammengeschlossen haben. Sechs Weinerzeuger von der Ahr gehören dem Verband Deutscher Prädikats- und Qualitäts-Weingüter (VDP) an, größter Betrieb ist die Staatsdomäne mit angeschlossener Landeslehr- und Versuchsanstalt in Marienthal mit 20 Hektar Rebfläche.

Mosel-Saar-Ruwer

Kaum ein anderes deutsches Anbaugebiet zeigt in der Weinqualität ein solches Gefälle wie das traditionelle Riesling-Anbaugebiet: An Mosel, Saar und Ruwer wachsen feinste Weine von internationalem Ruf, aber auch Kreszenzen, die bestenfalls noch als Zechweine durchgehen oder als Grundweine für die Sektbereitung vermarktet werden können. Dem Bekanntheitsgrad im In- und Ausland hat das nie geschadet, die Top-Weine von Mosel, Saar und Ruwer zählen immer noch zu den bekanntesten deutschen Gewächsen.

Dieses Renommee ist nicht zuletzt den traditionsreichen Zusammenschlüssen wie »Großer Ring VDP«, »Bernkasteler Ring« und »Ruwer Riesling« zu verdanken, die seit Jahrzehnten mit viel beachteten Versteigerungen und Weinpräsentationen das positive Qualitätsimage des Anbaugebietes geprägt haben.

Eingerahmt zwischen Hunsrück und Eifel, zählt die Weinregion Mosel-Saar-Ruwer zu den nördlichen Anbaugebieten. Die Böden im Rheinischen Schiefergebirge sind an der Obermosel von Muschelkalk, Schieferverwitterungen und Keuper geprägt, während in den Tälern von Saar und Ruwer Devon-Schiefer das Terroir dominiert. Die Saar- und Ruwerweine erhalten dadurch ihre stahlige, geschliffene Säure, die mehr hervortritt als in den Gewächsen der Mittelmosel. Südlich des berühmten Moselortes Zell stehen die Reben in einem weichen Tonschiefer und kieselsäurereichen Grauwacken, die vor allem den Rieslingen eine schlanke, feinfruchtige Eleganz verleihen. Die Tallagen des Anbaugebietes setzen sich aus Schotter-, Kies- und Sandablagerungen zusammen. Zwar gibt es in den Steilhängen und Tälern ein optimales Niederschlagsverhältnis, aber die relativ geringen Sonnenstunden lassen die Trauben nicht in jedem Jahr zur vollen Reife kommen. Eine Jahrgangszusammenstellung von 1848 bis 1947 zeigt, dass nur etwa ein Drittel der Jahrgänge als gut bezeichnet werden können. In den letzten Jahren hat sich diese Klimasituation etwas positiv nach oben verschoben. Die Jahrgänge 1988 bis 1997 waren qualitativ alle gut bis ausgezeichnet, nicht zuletzt auch wegen der verbesserten An- und Ausbaumethoden. Die verlängerte Reifezeit im Weinberg verhilft vor allem den Rieslingweinen zu ihrer unverwechselbaren Eleganz und einem langen Leben. Moselweine liegen zudem voll im Trend, denn sie sind leicht und haben, trotz ihrer Rasse, meist unter zehn Volumenprozent Alkohol.

Obwohl das Anbaugebiet nach drei Flüssen benannt ist, dominiert die Mosel die Weinszene. Geografisch bildet das Gebiet, das sich auf rund 250 Kilometern entlang der Mosel ausbreitet, trotz der erheblichen Längenausdehnung eine weinbauliche Einheit. Der Riesling in seinen verschiedenen Spielarten bestimmt das Geschehen in den sechs Weinbauregionen, die sich von der Mündung der Mosel in den Rhein flussaufwärts erstrecken. Insgesamt umfasst die Rebfläche an Mosel, Saar und Ruwer 12 200 Hektar, aufgeteilt in 20 Groß- und 524 Einzellagen, die von 9000 Betrieben bewirtschaftet werden. Das ergibt eine durchschnittliche Betriebsgröße von rund 1,4 Hektar, die maßgeblich mit der schwierigen Anbausituation zusammenhängt. Über 50 Prozent der Reben stehen in Steillagen, so viel wie in keinem anderen deutschen Anbaugebiet. Die Bewirtschaftung ist arbeitsintensiv und verursacht gleichzeitig hohe Kosten. Für einen Hektar Rebfläche an der Mosel müssen rund 1500 Arbeitsstunden eingesetzt werden, in der Pfalz sind es weniger als die Hälfte. Nur ein kleiner Teil der Weinberge kann mit Maschinen befahren werden, auf etwa zwei Drittel der Rebanlagen kommen für die Bodenbearbeitung und während der Ernte Seilzüge zum Einsatz. Viele kleinere Weinbaubetriebe haben sich deshalb in Winzergenossenschaften zusammengeschlossen, die knapp 25 Prozent aller Mosel-Saar-Ruwer-Weine vermarkten.

Seit neuestem ist der Begriff »Steillage« offiziell als Gütehinweis eingeführt. Nicht zuletzt wegen der erschwerten Bedingungen in diesen Lagen wurden dem Gebiet bei einigen Regelungen Sonderstellungen eingeräumt. So liegen die maximalen Hektarerträge höher als in den anderen Regionen, und die Moselweine brauchen für die Erreichung der Prädikatsstufen weniger Oechsle-Grade. Was in manchen Anbaugebieten noch als Kabinettwein qualifiziert wird, hat an der Mosel oft schon Spätlesequalität. Bis 1983 durften die Winzer ihre Weine noch nass verbessern und damit dem Most bis zu zehn Prozent Zuckerwasser hinzufügen. Die junge Winzergeneration von Mosel, Saar und Ruwer setzt dagegen ganz auf modernes Marketing: Mit »Selection Mosel 2000«, »Top Leiwen Selection« oder »Riesling Pomaria« hat man neue Qualitätsbegriffe geschaffen, die vor allem einen rassigen Mosel-Riesling propagieren. Denn der Riesling ist mit einem Anteil von rund 55 Prozent immer noch Platzhirsch in den Weinbergen. Weltberühmtes Rieslingzentrum ist die Mittelmosel mit der großen S-Schleife zwischen Kinheim und Lieser. Daneben hat sich der Müller-Thurgau 22 Prozent der Rebfläche erobert, die Reben stehen vor allem in den Tallagen. Als sortenreinen Flaschenwein findet man den ertragreichen Müller-Thurgau allerdings kaum. Meist wird er zu Marken- oder Schoppenwein verarbeitet und dient dem Verschnitt. Elbling, ein Massenträger, der noch immer auf zehn Prozent Anteil an der Obermosel kommt und auch sortenrein vermarktet wird, bringt leichte Weine hervor, die durch die hohe Säure recht spritzig wirken. Die Kerner-Rebe, die dem Riesling ähnelt, allerdings im Ertrag deutlich höher liegt, scheint an der Mosel noch gute Zukunftschancen zu haben.

MITTELRHEIN

Diese deutsche Anbauregion bietet dem Weinbau zugleich die schönste und romantischste Kulisse. Im engen Rheintal, auf fast 100 Kilometern zwischen Bingen und Lahnstein, liegen die meisten Weinberge hoch über dem Fluss auf malerischen Rebterrassen neben mittelalterlichen Burgen und Schlössern. Kein Wunder, dass das Mittelrheintal auch als Weltkulturerbe auf der Liste der Unesco steht. Für den Weinbau ist das nur förderlich, aber längst nicht unabdingbar. Denn allein über die Rheinromantik müssen sich die Spitzengewächse vom Mittelrhein nicht mehr verkaufen, auch wenn noch ein Großteil der Produktion in der heimischen, im

Sommer von Touristen stark frequentierten Gastronomie umgesetzt wird. Kleine, selbstständige Betriebe beherrschen den Weinmarkt. Hier findet man auch den eigentlichen Rheinwein, der noch vor Jahrzehnten als der reintonigste Riesling galt. Heute muss diese Bezeichnung allerdings für fast alle Gewächse herhalten, die auch nur in der Nähe des Rheines wachsen.

Das Zentrum des Weinbaus am Mittelrhein liegt bei Bacharach im so genannten »4-Täler-Gebiet«, das entlang des Rheines und in den kleinen Seitentälern etwa die Hälfte der Anbaufläche umfasst. Leider wird die Anbaufläche am Mittelrhein von Jahr zu Jahr kleiner. Wurden Anfang des Jahrhunderts mehr als 2000 Hektar bewirtschaftet, sind davon heute nur noch knapp 650 Hektar übrig geblieben. Aufgeteilt in zwei Bereiche, elf Großlagen und 111 Einzellagen ist das nicht einmal ein Prozent der deutschen Gesamtrebfläche. Dieser dramatische Rückgang der Anbaufläche liegt nicht nur an der schwierigen und kostenintensiven Bewirtschaftung der Steilhänge, die mit aufwändigen Mauern gesichert werden müssen. Viele Nebenerwerbswinzer haben sich erfolgreich gegen eine sinnvolle Flurbereinigung gewehrt und lassen heute ihre zerstückelten und oft unzugänglichen Flächen brachliegen. Trotz des kleingestückelten Weinbergbesitzes spielen die Winzergenossenschaften am Mittelrhein keine entscheidende Rolle, nur 25 Prozent der Weine werden über die Kooperativen vermarktet. Dagegen verkaufen 70 Prozent der Winzer ihren Wein in Eigenregie. Viele dieser kleinen selbstständigen Familienbetriebe haben in den letzten Jahren – trotz der hohen Produktionskosten in den Steillagen – enorme Fortschritte in Weinbau und Kellerwirtschaft gemacht. Aus ihren Rebhängen am Rhein und in den kleinen Seitentälern kommen die feinen, eleganten und ausdrucksvollen rassigen Weine. Zudem versöhnen die günstigen klimatischen Verhältnisse mit den schwierigen geologischen Gegebenheiten. Die Berge zu beiden Seiten des Rheins schützen vor kalten Winden, lassen die Sonnenstrahlen in ihrer ganzen Intensität auf die Hanglagen treffen, und die Wasserfläche reflektiert zusätzliche Wärme. Der Charakter der Weine – zu 75 Prozent Riesling, der Rest verteilt sich auf Müller-Thurgau, Kerner und Spätburgunder – wird vor allem durch die unterschiedlichen Bodenarten geprägt.

Am unteren Mittelrhein bei Leutesdorf kommen die stoffreichen Weine aus schweren Lößböden. Besonders extraktreiche Weine bringen die stärker verwitterten Böden in den Steillagen hervor, und rund um Boppard wachsen auf Schieferfelsböden elegante Rieslinge, die oft mit einer deutlichen Restsüße ausgebaut werden. Die typischen, trockenen Gewächse kommen aus dem Boden bei Bacharach und Steeg, der mit reinem Devon-Schiefer durchzogen ist. Im Bereich Siebengebirge sind die Böden vulkanischen Ursprungs und geben den meist roten Gewächsen aus Spätburgunder und Portugieser einen mineralischen, leicht feurigen Charakter. Den meisten Weinen vom Mittelrhein tut es schmeckbar gut, wenn sie ein bis zwei Jahre Zeit bekommen, um etwas an Säure abzubauen, und sie sich zu ihrer vollen Reife entwickeln können.

Rheingau

Auf einer Länge von rund 50 Kilometern, zwischen Hochheim und Lorchhausen, wo der Rhein seinen gewohnten Lauf ändert und für eben diese 50 Kilometer von Ost nach West fließt, erstreckt sich das Anbaugebiet Rheingau. Eingebettet zwischen den bewaldeten Höhenausläufern des Taunus und dem Rhein, liegen die Orte und Städte mit ihren berühmten Weinbergen entlang dem breiten Strom wie aufgezogen an einer Perlenschnur. Ein Glücksfall für den Weinbau und eine begünstigende Laune der Natur, denn alle Rebhänge sind dadurch nach Süden ausgerichtet, was ihnen die beste Sonneneinstrahlung garantiert. Der Taunus bietet ausreichend Schutz vor den rauen Nordwinden, der Rhein, der an manchen Stellen bis zu einem Kilometer breit ist, reflektiert zudem die Sonnenstrahlen und sorgt als Wärme- und Feuchtigkeitsspeicher für einen relativ gleichmäßigen Temperaturverlauf.

Im Rheingau gibt es nur den Bereich Johannisberg. Dazu sollten ursprünglich bei der Neufassung des Deutschen Weingesetztes 1971 fünf Großlagen geschaffen werden, was auf heftigen Widerstand der traditionsreichen Weinbaugemeinden stieß. Heute hat der Rheingau zehn

Großlagen mit insgesamt 118 Einzellagen. Die unterschiedlichen Böden bieten optimale Bedingungen für den Weinbau: In den höheren Lagen, vor allem in den steilen Weinbergen zwischen Rüdesheim und Lorchhausen, garantieren Schiefer, Quarz, Kies und Sandstein besonders rassige, kernige Weine. In den tiefer gelegenen Rebhängen findet man tiefgründige und kalkhaltige Lößböden, auf denen stoffige und vollmundige Weine wachsen. Ideale Voraussetzungen für den Riesling, dem im Rheingau über 80 Prozent der insgesamt 3300 Hektar großen Rebfläche gehören. Berühmt geworden sind vor allem die edelsüßen Rheingauer Weine: die Auslesen, Beerenauslesen, Trockenbeerenauslesen und Eisweine, deren volle, fruchtige Natursüße und Aromenvielfalt von einer edlen Rieslingsäure begleitet werden. Heute erleben diese langlebigen Weine eine atemberaubende Renaissance und erzielen auf Auktionen weltweit Rekordpreise. Aber auch die Traditionsgüter Kloster Eberbach, Schloss Johannisberg und Schloss Vollrads haben das kleine Anbaugebiet international bekannt gemacht. Hier wurden zum ersten Mal die Bezeichnungen Kabinett und Spätlese als Qualitätsmerkmal verwendet. Mit der jüngsten Flächenklassifizierung (rund 1370 Hektar) und der Einführung des Gütezeichens »Erstes Gewächs« ab Jahrgang 1999 hat der Rheingau wieder einmal diese Vorreiterrolle für den Deutschen Weinbau übernommen.

Im Rheingau gibt es knapp 1500 Winzerbetriebe, zum größten Teil Selbstvermarkter, deren Qualitätsstruktur sich in den letzten Jahren grundlegend gewandelt hat. Während die traditionsreichen Adelsgüter teilweise ins Mittelfeld abgerutscht sind, haben relativ kleine, junge Familienbetriebe die Spitzenpositionen der Region übernommen. Winzergenossenschaften spielen im Rheingau nur eine geringe Rolle und vermarkten gerade mal 15 Prozent der jährlichen Weinmenge. Etwa die Hälfte der Rieslinggewächse gehen in den Export, wobei der Anteil an restsüßen Weinen auf Kosten der völlig trockenen, säurebetonten Rieslinge zunimmt. Seit einigen Jahren wird im Rheingau heftig darüber diskutiert, welche Chancen die in der Regel säurebetonten Rieslinge in Zukunft auf dem immer internationaler werdenden Markt noch haben werden. Gleichzeitig reduzieren immer mehr Betriebe durch ein selektives Lesen die Hektarerträge, um mit gesundem Lesegut ein Maximum an Weinqualität zu erreichen. Selbst die Ertragsobergrenze, die der mitgliederstarke VDP im Rheingau (Verband Deutscher Prädikats- und Qualitätsweingüter) bei 75 Hektoliter pro Hektar gesetzt hat, wird in der Regel deutlich unterschritten. Leider werden viele Rheingauer Rieslingweine, die erst nach drei, vier Jahren ihre volle Geschmacksqualität entwickeln, immer schneller auf den Markt geworfen, um die Nachfrage nach jungen, frischen Weinen zu befriedigen. Neben der Hauptsorte Riesling ist der Spätburgunder seit über 500 Jahren im Rheingau heimisch. Vor allem auf den Schieferböden in Assmannshausen entwickelt er seinen leichten, rassigen und eleganten Charakter und ist aus guten Jahrgängen durchaus auch zwei Jahrzehnte lagerfähig. In geringen Mengen werden im Rheingau Grauburgunder, Kerner und seit Beginn der 80er-Jahre auch Chardonnay angebaut.

NAHE

Der kleine Fluss Nahe, der bei Bingen in den Rhein fließt, hat dem Anbaugebiet seinen Namen gegeben. Von der Mündung flussaufwärts bis kurz vor das Städtchen Kirn stehen die Rebhänge in dem vielgewundenen Flusstal, ebenso wie in den Nebentälern des Guldenbachs, des Gräfenbachs, der Glan und der Alsenz. Die Nahe ist in diesen Ausmaßen – die Rebfläche umfasst ca. 4600 Hektar – eine relativ junge Weinregion. Von 1950 bis 1975 hat sich die Anbaufläche mehr als verdoppelt. Aber erst mit der Novellierung des Deutschen Weingesetzes 1971 wurden die Grenzen des Anbaugebietes exakt definiert. Bis dahin verkaufte man die Nahe-Gewächse meistens unter dem Sammelbegriff Rheinwein. Das Anbaugebiet Nahe besteht seit 1993 aus dem Bereich Nahetal, der in sieben Großlagen und 328 Einzellagen gegliedert wurde. Die Geschmacksnuancen der Weine sind wegen der variierenden Bodenstruktur sehr vielfältig, weitgehend sind die Gewächse von drei unterschiedlichen Terroirs geprägt: Im Norden durchzieht ein breiter Streifen von Schiefer und Grauwacken den Boden. Spritzige, rassige Weine wachsen hier in der Großlage Schlosskapelle rund um Bingen. Weiter südlich, in Rich-

tung Bad Kreuznach, finden sich Sand, Mergel und Lehm, die feinblumige und elegante Gewächse hervorbringen. Stellenweise hat der Boden einen hohen Lößanteil, auf dem vollmundige Weine wachsen. Westlich und nördlich der mittleren Nahe bestimmt roter Tonschiefer den Boden. Die Weine sind hier besonders blumig, nachhaltig und haben eine dezente Säure. Im unmittelbaren Bereich der Nahe zwischen Bad Münster und Schlossböckelheim ist das Terroir vulkanischen Ursprungs, mit Porphyr durchsetzt und vor allem wasserdurchlässig. Die Böden leiden in den heißen Sommermonaten oft unter Trockenheit, da sie die ohnehin geringe Feuchtigkeit nur schlecht speichern können. Die Weine aus diesen Böden zeigen viel Würze und feine mineralische Töne. Die Gewächse vom Oberlauf der Nahe werden oft mit den Moselweinen verglichen, am Unterlauf spricht man von der Rheingauer Art. Lange Zeit war die Mehrheit der Nahe-Gewächse lieblich ausgebaut. Heute werden in allen Teilgebieten der sieben Großlagen immer mehr trockene Weine produziert. Als typische Nahe-Gewächse bezeichnet man in der Regel die spritzigen, rassigen Rieslingweine, die im Anbau den Müller-Thurgau auf den zweiten Platz verdrängt haben. Sie sind erstaunlich lange haltbar, und selbst Jahrgänge aus den 70er-Jahren sind noch voll auf der Höhe ihres Geschmacks. Der einstmals populäre Nahe-Silvaner ist stark zurückgegangen und wird nur noch auf zehn Prozent der Gesamtfläche kultiviert, dagegen haben Kerner-Rebe und Scheurebe zwischenzeitlich aufgeholt. Die Bacchus-Rebe ist die einzige der vielen Neuzüchtungen, die an der Nahe Karriere gemacht hat.

Neben einer Reihe von großen, renommierten Gütern bestimmen mittelständige Familienbetriebe den Weinmarkt an der Nahe. Fast die Hälfte aller Weine wird direkt als Flaschenwein von den Erzeugern verkauft. Winzergenossenschaften vermarkten etwa 20 Prozent der Jahresproduktion. Immer deutlicher setzt sich auch an der Nahe ein kompromissloses Qualitätsdenken durch. Ertragsreduzierung im Weinberg und moderne Kellertechnik stehen am Anfang der Produktion von Spitzengewächsen. 1997 hat der sehr aktive Verband der Prädikatsweingüter (VDP) zudem eine neue und strenge Klassifizierung seiner Weine beschlossen: Lagennamen sind nur noch für Rieslinge zulässig, alle anderen Weine – auch solche aus Spitzenlagen – dürfen nur Orts- oder Gutsnamen tragen. Vorgeschrieben ist eine Handlese, das Lesegut muss zu 100 Prozent aus der angegebenen Traubensorte stammen, der Höchstertrag ist auf 48 Hektoliter pro Hektar beschränkt, und alle Weine müssen einer Blindverkostung gestellt werden. Strenge Vorschriften, die nicht überall auf Zustimmung gestoßen sind, aber am Ende doch das Ziel erreichen: Immer häufiger tauchen gerade Rieslinge von der Nahe in den Spitzenreiterlisten der deutschen Weine auf.

RHEINHESSEN

Das Verwirrspiel und die Widersprüche um das größte deutsche Anbaugebiet fangen bereits mit dem Namen an: Rheinhessen liegt nicht im Bundesland Hessen, sondern in Rheinland-Pfalz. Etwa 30 Prozent der gesamten landwirtschaftlichen Nutzfläche sind mit Reben bepflanzt, eingeteilt

in 23 Großlagen und 432 Einzellagen. In Rheinhessen gibt es nur drei Gemeinden, die keinen Weinbau in ihren Gemarkungen haben. Eine geschlossene Weinlandschaft jedoch gibt es nur an der so genannten Rheinfront um Nierstein und Oppenheim. Im rheinhessischen Hügelland, das von den Höhen des Pfälzer Berglandes, des Hunsrücks und des Taunus gegen die kalten Winde geschützt ist, liegen die Weinberge verstreut und immer wieder von Ackerflächen unterbrochen. Immer noch setzen viele Winzer in Rheinhessen Menge vor Qualität. Jede vierte Flasche des deutschen Weines kommt aus dem rund 26 500 Hektar großen Rebenmeer, die Spitzengewächse sind rar, wenn auch ihr Anteil kontinuierlich steigt. Aber der Imagewandel ist ein langwieriger Prozess. Noch immer wird das Anbaugebiet am Rheinknie mit den Eckpunkten Worms, Bingen und Mainz mit

dem bekanntesten deutschen Typenwein »Liebfrauenmilch« in Verbindung gebracht. Daneben macht die Vielfalt des Rebsortenspiegels eine Identität rheinhessischer Weine so schwierig: Über 30 Sorten werden angebaut, in umfangreichen Einzellagen stehen teilweise 20 verschiedene Rebsorten. Immer mehr wurden in den zurückliegenden Jahren die klassischen Sorten Müller-Thurgau, Silvaner und Riesling von Neuzüchtungen, die es auch in schlechteren Erntejahren zu relativ hohen Erträgen und Qualitäten bringen, verdrängt. Heute sind die Hälfte aller Neuanpflanzungen rote Sorten, Tendenz weiter steigend. Aber auch der Riesling ist wieder im Kommen, und neuerdings erlebt der Silvaner eine Renaissance.

Die rheinhessische Qualitätsspitze ist nach wie vor die Rheinfront. Hier wachsen auf rotliegendem Perlgestein und Tonschiefer einige der besten Rieslingweine. Ansonsten bestimmt der Löß die Böden des weitläufigen Anbaugebietes. Rund 8000 Winzerbetriebe gibt es in Rheinhessen, die wenigen Winzergenossenschaften vermarkten gerade einmal drei Prozent der Gesamterntemenge. Dagegen werden ca. 65 Prozent des Weingeschäfts über den Weinhandel abgewickelt, etwa ein Drittel der Weine wird exportiert – auch nach Übersee. Eine junge Winzergeneration hat sich von der »süßen« Vergangenheit rheinhessischer Weine verabschiedet und produziert zunehmend trockene Gewächse. Die »Rheinhessen Selection« verlangt sortenreine, trockene Riesling-, Silvaner- oder Grauburgunderweine, die teilweise ohne Lagen- und Prädikatsbezeichnungen angeboten werden. Der »Rheinhessen Silvaner RS«, ein trocken ausgebauter Typenwein, der seit 1986 auf dem Markt ist, betont den Sortencharakter und wird ausschließlich von den Erzeugern verkauft. Viele andere Winzer, die nicht an den genannten Marketingaktionen beteiligt sind, reduzieren drastisch die hohen Erträge, lesen mit der Hand selektiv und investieren viel in eine moderne Kellertechnik, um die geerntete Qualität auch auf die Flasche bringen zu können.

Pfalz

Das zweitgrößte deutsche Anbaugebiet ist mit knapp 24 000 Hektar Rebfläche nur unwesentlich kleiner als das benachbarte Rheinhessen. Vom südlichen Rand Rheinhessens bei Worms bis hin zur französischen Grenze erstreckt sich auf über 80 Kilometern der Pfälzer Traubengürtel in einem schmalen, nur sieben Kilometer breiten Landstrich. Die Rebzone läuft parallel zum Rhein, erreicht seine Ufer jedoch an keiner Stelle. Das Gebiet ist in die Bereiche Südliche Weinstraße und Mittelhaardt/Deutsche Weinstraße unterteilt, die Trennungslinie verläuft bei Neustadt. Insgesamt gibt es 25 Großlagen und 330 Einzellagen, die sich auf rund 150

Winzerorte verteilen. Nirgendwo sonst in den deutschen Anbauregionen liegen die Weinberge so geschlossen zusammen wie am Rand der Haardt, den hügeligen Ausläufern des Pfälzer Waldes. Das milde Klima hat in diesem Landstrich fast südländischen Charakter. Wo Mandeln, Feigen und Zitrusfrüchte in den windgeschützten Hängen reifen, finden auch die Reben günstige Wachstumsbedingungen. Der fruchtbare Boden, durchsetzt mit Löß, Buntsandstein, Muschelkalk, Mergel, Granit und Schieferton, spiegelt sich in all seinen Varianten im Charakter der Pfälzer Weine wider: Im Bereich der Südlichen Weinstraße stehen die Reben vorwiegend auf Lehm- und Lößböden. Die Weine schmecken saftig, harmonisch, sind durchaus säurebetont und erinnern an die nahen Elsässer Gewächse. Selbst in regenarmen Jahren speichert der Boden genügend Feuchtigkeit, und die Weine zeigen sich auch in trockenen Jahrgängen erstaunlich frisch und spritzig. In den nördlichen Lagen der Südlichen Weinstraße werden die Böden immer sandiger und wasserdurchlässiger. Hier wachsen nicht nur elegante und fruchtige Weißweine, sondern auch milde und volle Rotweine.

Der Bereich Mittelhaardt/Deutsche Weinstraße umfasst eine Rebfläche von rund 11 000 Hektar. Die Böden sind etwas leichter als an der Südlichen Weinstraße und bestehen zum größten Teil aus Sand und Lehm, mit Anteilen aus Buntsandstein und Basalt. Die Weine aus diesem Terroir sind in der Regel fruchtig und elegant. Bekannt für seine würzigen, extraktreichen Weine ist das Zellertal am Nordrand der Pfalz.

Der Rebsortenspiegel des Anbaugebietes wird mittlerweile vom Riesling angeführt, der insgesamt rund 22 Prozent der Anbaufläche in der Pfalz einnimmt. Vor allem die Mittelhaardt ist Rieslingland, hier gibt es Güter mit einem Rieslinganteil von über 80 Prozent. Der Anteil von Müller-Thurgau-Reben liegt noch bei 20 Prozent an der Gesamtfläche, Tendenz fallend. In der Südpfalz setzt man verstärkt auf Grau- und Weißburgunder, auch Chardonnay wird vereinzelt angebaut. Stark zurückgegangen ist die Rebfläche für den Silvaner von 50 auf nur noch sieben Prozent. Dagegen gewinnt der Rotwein auch in der Pfalz immer mehr Freunde. Waren vor zehn Jahren nur rund 2500 Hektar mit Rotweinreben bestockt, so hat sich die Zahl bis heute fast verdoppelt. Gleichzeitig kam der Barrique-Ausbau in der Pfalz zu einem regelrechten Boom.

Viele kleinere Familienbetriebe, aber auch die großen bekannten Traditionsgüter vermarkten ihren Wein zu gut einem Drittel direkt an den Endverbraucher und an die heimische Gastronomie. Die 26 Pfälzer Winzergenossenschaften verarbeiten die Trauben von rund 5700 Hektar und bedienen mit ihren Weinen vorwiegend den Fachhandel und den Lebensmittelhandel.

Hessische Bergstrasse

Nur ganze 450 Hektar groß ist die Anbauregion zwischen Darmstadt und Heppenheim. Zum Vergleich: Die Rebfläche von Rheinhessen ist gut 50-mal größer. Erst 1971, im Zuge der Novellierung des Deutschen Weingesetzes, bekam die Hessische Bergstraße den Status einer selbstständigen Anbauregion. Die Badener hatten ihre Weinberge entlang der Bergstraße längst in ihr badisches Anbaugebiet eingegliedert, und dem Rheingau wollten sich die wenigen Hessischen Bergsträßer Winzer nicht anschließen. So entstand aus einer gebietsbedingten Heimatlosigkeit per Gesetz die Hessische Bergstraße, die heute zwei Bereiche, drei Großlagen und 24 Einzellagen umfasst. Bis zur Wiedervereinigung, als die mitteldeutschen Weinbauregionen Sachsen und Saale-Unstrut hinzukamen, war die Hessische Bergstraße das kleinste deutsche Anbaugebiet. Nur etwa 0,3 Prozent aller deutschen Weine wachsen hier, und die meisten der 800 Betriebe sind Nebenerwerbswinzer, die sich nach Feierabend um Weinberg und Keller kümmern. Zwei Winzergenossenschaften, in Groß-Umstadt und in Heppenheim, bewirtschaften zusammen rund 300 Hektar, der größte Einzelbetrieb ist das Staatsweingut in Bensheim mit rund 40 Hektar bestockter Fläche. Die an der Hessischen Bergstraße erzeugte Weinmenge ist so gering, dass die meisten Weine im Gebiet selbst getrunken werden. Die Hessische Bergstraße ist nicht zuletzt wegen ihres besonders milden Klimas ein beliebtes Naherholungsgebiet für den Ballungsraum Rhein-Main. Während andernorts noch winterliche Temperaturen

herrschen, fangen an den West-Ausläufern des Odenwaldes bereits die Mandelbäume an zu blühen. Zu den klimatischen Vorteilen kommen auch geologische: Eingebettet zwischen Neckar, Rhein und Main, stehen die meisten Weinberge auf den nach Westen hin abfallenden Berghängen des Odenwaldes. Während der Odenwälder Bergrücken die Reben vor kalten Windeinbrüchen schützt, genießen die Weinberge auf den relativ steilen Hängen die optimale Sonneneinstrahlung. Neben den Weinbergen zwischen Seeheim und Heppenheim gibt es noch, abgesetzt im Nordosten, die so genannte »Odenwälder Weininsel« bei Groß-Umstadt. Die leichteren Böden aus einer Mischung von verwittertem Gestein und fruchtbarem Löß heizen sich schnell auf, die begrünten Weinberge speichern den reichlichen Regen und geben den tief wurzelnden Reben ausreichend Feuchtigkeit.

Der anspruchsvolle Riesling findet hier ideale Voraussetzungen. Rund 55 Prozent der 450 Hektar großen Anbaufläche sind mit den edlen Reben bestockt. Die Weine werden zum größten Teil trocken ausgebaut und zeichnen sich durch ihre prickelnde Rasse aus. Die Bergsträßer Riesling-Weine sind in der Regel gut lagerfähig und erreichen erst nach zwei bis drei Jahren ihren geschmacklichen Höhepunkt. Silvaner und Müller-Thurgau haben im Rebsortenspiegel der Hessischen Bergstraße noch nennenswerte Anteile, die wenigen Traminer, Gewürztraminer und Weißburgunder gehören nicht zu den typischen Gewächsen dieser Region. Rotweine wie Spätburgunder und Portugieser gibt es an der Bergstraße nur wenig. Die letzten Erntejahre, vor allem der Bilderbuchjahrgang 1997, haben gezeigt, dass in dem kleinen Anbaugebiet außergewöhnliche Spitzengewächse heranreifen. Erstaunlich ist vor allem der hohe Anteil an Beeren- und Trockenbeerenauslesen. Eisweine werden an der Hessischen Bergstraße seit 1977 lückenlos angeboten.

Franken

Entlang des Mains, von Aschaffenburg bis Hassfurt, erstreckt sich das 6000 Hektar große fränkische Weinbaugebiet. Obwohl der Rebenanbau über ein weites Gebiet verstreut ist, wurde das Weinland Franken mit seinen drei Bereichen, 23 Großlagen und 216 Einzellagen klar gegliedert: Das Herzstück befindet sich im Maindreieck in und um Würzburg. Hier findet man auf Muschelkalkböden einige der bekanntesten deutschen Weinberge: Würzburger Stein, Escherndorfer Lump und Randersackerer Pfülben. Nördlich von Würzburg liegt an der fränkischen Saale das kleine Anbaugebiet um Hammelburg, das noch zum Maindreieck gezählt wird. Im Steigerwald bei Kitzingen stehen die Reben in den sonnenverwöhnten West- und Südhängen. Der fruchtbare Keuperboden speichert und gewährleistet auch in trockenen Jahren ausreichend Feuchtigkeit. Hier werden in der Regel die höchsten Mostgewichte der Region erzielt, vor allem in den Weinbergen an den südwestlichen Ausläufern der Höhenzüge bei Iphofen und Rödelsee. Die

Landschaft am Untermain, das so genannte Mainviereck zwischen Aschaffenburg und Miltenberg, ist von Geologie und Klima unterschiedlich geprägt. Im westlichen Bereich, an den steilen Hängen entlang des kleinen Flusses Kahl, wachsen einige der elegantesten fränkischen Rieslinge. Rund um Klingenberg, wo der rote Sandstein den Boden bestimmt, wachsen nicht nur Weißweine mit einer markanten Säure. Auch der Spätburgunder findet hier ideale Bedingungen, bei Neuanpflanzungen dominieren eindeutig die roten Sorten. Knapp fünf Prozent aller fränkischen Gewächse sind Rotweine, vor allem aus den Sorten Portugieser und Spätburgunder. Das fränkische Weinland wird vom kontinentalen Klima bestimmt, was Vor- und Nachteile beinhaltet: Während die trockenen, heißen Sommer der Traubenreife zugute kommen, können schon die kalten Frühjahrs- und Herbsttemperaturen in den Weinbergen Frostschäden hervorrufen. Traditionell war Franken immer Silvaner-Land; das hat sich in den letzten Jahrzehnten grundlegend geändert. Heute kommt fast die Hälfte aller Frankenweine aus der Müller-Thurgau-Rebe, die, bedingt durch Boden und Klima, rassiger und spritziger als in anderen Anbaugebieten schmeckt. Der Silvaner, der besonders auf den Muschelkalkböden seine unnachahmliche Harmonie von Kraft und Eleganz entfaltet, nimmt nur noch rund 20 Prozent der Gesamtrebfläche ein. Kerner und Riesling rangieren auf den Plätzen drei und vier des Rebsortenspiegels. Die fränkischen Winzer sind experimentierfreudig, und so findet man in den Weinbergen am Main auch Neuzüchtungen wie Rieslaner, Bacchus, Albalonga, Mariensteiner, Ortega, Morio-Muskat und

Scheurebe. Diese Sorten gehören mittlerweile zu den Höchstprämierten. Sie bringen Auslesen, wo man mit klassischen Sorten nicht einmal eine Spätlese erreicht. Die Ansprüche an die Qualität der Weine aus Franken sind dennoch hoch. Nicht nur die Mindestgrade für die Reife der Trauben liegen überdurchschnittlich hoch, auch stellen die fränkischen Winzer besondere Anforderungen an die Extrakt-Werte. Nur die hochwertigen Weine werden in den klassischen Bocksbeutel gefüllt. Die Hälfte der Jahresernte wird durch die sieben fränkischen Genossenschaften vermarktet. Neben den großen Traditionsweingütern in Würzburg und Castell gewinnen auch in Franken immer mehr kleinere Familienbetriebe an Terrain.

Besonderheiten

Rotling / Schillerwein / Badisch Rotgold entstehen durch Mischung von Weißwein- und Rotweintrauben oder deren Maische, die gemeinsam abgepresst werden müssen. Schillerwein ist ein Rotling aus Württemberg, Badisch Rotgold ist ein Rotling aus Baden, der durch Mischung der Rebsorten Grauburgunder und Spätburgunder entsteht.

Württemberg

Im Anbaugebiet Württemberg ist alles etwas anders: Hier bestimmen Genossenschaften – die im Ländle Weingärtnergenossenschaften heißen – den Markt und produzieren knapp 80 Prozent der gesamten Weinmenge eines Jahres, die zum größten Teil im Land bleibt und von den Schwaben selbst getrunken wird. Und die kommt immerhin von gut 11 000 Hektar Rebfläche. Neben der Zentralgenossenschaft gibt es allein 62 örtliche Genossenschaften, die in ihrem Angebot alle Gewächse des Landes haben und diese über eigene Vinotheken und Verkaufsstellen vermarkten.

Das Anbaugebiet Württemberg, eingeteilt in sechs Bereiche, 17 Großlagen und 210 Einzellagen, ist zudem das Gebiet mit der größten Rotweinerzeugung. 40 Prozent aller deutschen Rotweine kommen aus den weit verstreuten Weinbergen zwischen Bad Mergentheim im Norden und Tübingen im Süden. In den durch Schwarzwald und Schwäbische Alb geschützten Tallagen des Neckars und den Nebenflüssen Rems, Murr, Enz, Bottwar und Zaber herrschen milde Jahrestemperaturen, die den roten Sorten zugute kommen. Beachtenswert ist das Rotweinangebot hinsichtlich seiner Vielfalt: Die klassischen Spätburgunder und Portugieser haben nur einen Anteil von rund drei Prozent der Anbaufläche. Spitzenreiter ist nach wie vor der Trollinger, ein regionstypischer Zechwein. Die spät reifende Traubensorte macht etwa 22 Prozent der jährlichen Weinmenge aus. Auf der zweiten Position steht der Schwarzriesling, dessen Weine in der Regel mild und fruchtig schmecken. Der Lemberger, der wuchtige, volle, feinherbe Weine hervorbringt, wird auf derzeit knapp 1000 Hektar kultiviert. Daneben findet man in Württemberg noch die Rebsorten Samtrot, Clevner, Muskattrollinger, Dornfelder, Helfensteiner, Herold und den Schillerwein, der eigentlich ein Rotling ist, also aus weißen und roten Trauben oder Maischen verschnitten wurde. Württemberg ist das einzige deutsche Anbaugebiet, in dem Sortenverschnitte nicht verpönt sind, im Gegenteil: Verschnitte gibt es als Rot- und als Weißweine. Bedingt durch den hohen Anteil roter Sorten, ist der Barrique-Ausbau schon seit Mitte der 80er-Jahre bei den Winzern beliebt und weit verbreitet. Im Taubertal mit dem Bereich Kocher-Jagst-Tauber wachsen auf Muschelkalk vorwiegend weiße Sorten wie Müller-Thurgau, Silvaner und Kerner. Dennoch ist der Riesling mit einem Anteil von rund 25 Prozent auf 2700 Hektar die schwäbische Nummer eins.

Das eigentliche Weinbauzentrum liegt zwischen Heilbronn und der Landeshauptstadt Stuttgart, im württembergischen Unterland. Hier stehen auf 7000 Hektar fruchtbaren Keuperböden und Muschelkalk neben einem Großteil der Rieslingreben auch die Massenträger Trollinger und Schwarzriesling für die schwäbischen Alltagsweine und die hochwertigen Lemberger und Spätburgunder. Die Weine aus dem Neckartal sind für ihren leicht erdigen Ton bekannt, im Heilbronner Becken und in den Seitentälern wachsen dagegen schlankere, elegante Weine. Im Raum Stuttgart stehen die Reben teilweise zwischen Wohn- und Geschäftsbereichen. Im bekannten Remstal wachsen auf südlichen Hängen fruchtige und körperreiche Trollinger, aber auch Spitzengewächse aus Rieslingtrauben, Kerner und etwas Silvaner.

Baden

Das südlichste deutsche Anbaugebiet gehört als einzige deutsche Weinregion zur Weinbauzone B. Das bedeutet für die badischen Winzer höhere Ausgangsmostgewichte in den Qualitätsstufen und geringere Anreicherungsmengen. Die Nord-Süd-Ausdehnung der badischen Rebhänge zwischen Wertheim am Main im Badischen Frankenland/Tauberfranken und Immenstaad am Bodensee beträgt gut 400 Kilometer. Auf dieser Distanz wechseln Klima und Boden, machen dadurch das Weinangebot besonders vielfältig und erzeugen kaum vergleichbare Weintypen. Von einem einheitlichen und geschlossenen Anbaugebiet kann also kaum die Rede sein. Das fast 16 000 Hektar große Rebland – Baden ist damit das drittgrößte Anbaugebiet – verteilt sich auf acht Bereiche mit 16 Großlagen und 314 Einzellagen. Am bekanntesten ist der Kaiserstuhl, die wärmste Ecke Deutschlands, mit einer Rebfläche von ca. 4500 Hektar. Bis 1991 gehörte der jetzt selbstständige Bereich Tuniberg mit seinen Weinbergen zum Kaiserstuhl-Bereich. Das milde Klima mit

> **Weißherbst nennt man einen Roséwein, der zu mindestens 95 Prozent aus einer einzigen Rotweinsorte bestehen muss.**

der längsten Sonnenscheindauer in Deutschland und der vulkanische Boden verleihen den Kaiserstühler Weinen, vorwiegend Spätburgunder, Grauburgunder, Ruländer, Müller-Thurgau, Riesling und Silvaner, viel Kraft, aber auch Eleganz und Schliff. Die südlichsten und gleichzeitig höchsten (bis 570 Meter über dem Meeresspiegel) deutschen Weinberge stehen auf den Endmoränenböden am Bodensee. Der klassische Bodenseewein ist der Spätburgunder Weißherbst, aber immer mehr werden die Burgundertrauben auch zu eleganten Rotweinen vergoren. Im Markgräflerland, zwischen Südschwarzwald und Rhein, beträgt die Rebfläche rund 3000 Hektar. Die Weinberge stehen an den Süd- und Westhängen auf schweren Löß- und Lehmböden mit unterschiedlichen Anteilen von Kalkverwitterungsgestein und Mergel. Hier wächst vor allem der Gutedel, eine alte Kulturrebe, deren junge Weine leicht und spritzig schmecken. Im Breisgau zwischen Freiburg und Lahr liegen die Rebhänge auf den sonnenreichen Schwarzwald-Vorbergen. Ruländer und Spätburgunder Weißherbste bestimmen das Weingeschehen in dem 2000 Hektar großen Gebiet. In der Ortenau, in der fast nur Riesling und Spätburgunder angebaut werden, gibt es beinahe in jedem Jahr die ganze Qualitätspalette bis hin zu Eisweinen. Erst 1996 wurde der Bereich Kraichgau geschaffen, der von Rastatt bis nördlich von Wiesloch reicht. Müller-Thurgau, Riesling, Weiß- und Grauburgunder führen hier den Rebsortenspiegel an. Die besten Weine wachsen auf den

Lößhängen und schmecken besonders vollmundig und rassig. Die Badische Bergstraße (430 Hektar) ist vor allem für die rassigen Rieslinge bekannt, die auf den steilen Hängen mit Verwitterungsboden aus Urgestein wachsen. Der Bereich Tauberfranken, bis 1990 Badisches Frankenland, ist das kühlste Anbaugebiet Badens. Reben werden nur auf den muschelkalkhaltigen Süd- oder Südwesthängen gepflanzt. Hier nimmt der Müller-Thurgau die Hälfte der Rebfläche ein.

In Baden gibt es rund 120 Winzergenossenschaften, von denen der Badische Winzerkeller in Breisach mit Abstand der größte Betrieb ist. Rund 8000 Winzer liefern ihre Trauben in die größte deutsche Kellerei. Neben den Genossenschaften, die den vielen kleinen Feierabendwinzern das Überleben sichern, stehen meist junge, aufstrebende Familienbetriebe, die mit einem konsequenten Qualitätsweinbau die badischen Weine in die vorderen Positionen geschoben haben.

Saale-Unstrut

Das Anbaugebiet Saale-Unstrut liegt südlich der Stadt Halle im Bundesland Sachsen-Anhalt. Schon die Zisterzienser setzten vor über 1000 Jahren in dem nördlichsten Anbaugebiet Europas die ersten Reben, obwohl das heute rund 500 Hektar kleine Weinbaugebiet schon jenseits des 51. Breitengrades liegt, der als klimatische Grenze des Weltweinbaus gilt. Die Rebhänge bei Eisleben stehen auf der gleichen Höhe wie das Ruhrgebiet, und selbst die polnischen und englischen Weinberge liegen geografisch weiter südlich als das Anbaugebiet Saale-Unstrut. Der Weinbau, unterteilt in zwei

Bereiche, vier Großlagen und 18 Einzellagen, beschränkt sich in den engen Flusstälern von Saale und Unstrut auf die windgeschützten Lagen an Südost- und Südwesthängen. Begünstigt wird der Anbau neben den mikroklimatischen Vorteilen durch die geologische Struktur der Landschaft, die vorwiegend aus Muschelkalk und Buntsandsteinböden besteht. Das Weinbauzentrum an der Unstrut ist Freyburg, wo sich schon seit DDR-Zeiten die größte Kellerei befindet. Heute hat die Winzervereinigung Freyburg rund 700 Mitglieder, die mehr als die Hälfte der Rebfläche des gesamten Anbaugebietes bearbeiten.

Da im Jahresdurchschnitt nur mit einer Reifeperiode von 190 Tagen gerechnet werden kann, bevorzugen die wenigen Winzer an Saale und Unstrut frühreife Traubensorten: Müller-Thurgau ist die Hauptsorte, die teilweise rassigen Weine sind ausgeprägt im Sortencharakter. Daneben werden Weißburgunder, Silvaner, Gutedel, Riesling, Kerner, Morio-Muskat und Bacchus angebaut. Trotz der wenigen Sonnenstunden findet man an Saale und Unstrut auch Rotweine aus Portugieser-, Dornfelder- und Spätburgunder-Trauben, die eine nervige Säurestruktur entwickeln können. Mittlerweile wagen sich die Winzer bei den Roten auch an den Barrique-Ausbau. Zum Anbaugebiet gehören die Weinberge in Höhnstedt, Langenbogen, Seeburg und Rollsdorf, die am so genannten »süßen See« bei Eisleben liegen. Hier wachsen auf schieferhaltigen Böden Traminer und Weißburgunder. Bedingt durch hohe Frostgefahr, gibt es im ganzen Anbaugebiet nur selten Spätlesen oder gar Auslesen. Aber auch ohne das Angebot dieser Qualitätsstufen sind die wenigen Winzer an Saale und Unstrut fast immer ausverkauft.

Sachsen

Das kleinste und östlichste aller deutschen Anbaugebiete umfasst nur ganze 300 Hektar in zwei Bereichen, vier Großlagen und 17 Einzellagen. Dennoch zählt man rund 1500 Winzer, die allerdings zum größten Teil in der Sächsischen Winzergenossenschaft organisiert sind. Die Weine wachsen im Elbtal zwischen Dresden und Meißen an den steilen Uferhängen. Das Wetter in diesem Gebiet wird von kontinentalen Einflüssen bestimmt: Die Sommer sind trocken und heiß, die Winter dagegen rau und kalt. Dieses Klima lässt die Reben – trotz reichlicher Sonnenstunden – nur an ganz wenigen Standorten mit südlicher Hangneigung, an denen die Kaltluft abfließen kann, zur Blüte kommen. In der Gegend um Meißen wird das Terroir von verwittertem Granit bestimmt, zwischen Radebeul und Dresden besteht es in erster Linie aus verwittertem Gneis. Einzelne kleine Bodenpartien sind mit Kalk, Ton, Löß, Sand und Porphyr durchzogen. Typisch für den Weinbau an der Elbe sind die kleinen Rebterrassen, die nur in mühsamer Handarbeit zu bewirtschaften sind. Die Ernteerträge liegen deshalb auch sehr niedrig, durchschnittlich um die 35 Hektoliter pro Hektar. Vier Hauptsorten gibt es im Anbaugebiet Sachsen: Müller-Thurgau, Riesling, Weißburgunder und Kerner. Hinzu kommen noch Traminer, Ruländer, Scheurebe und einige neue Züchtungen, von denen man sich höhere Erträge verspricht. Rotweinsorten spielen an der Elbe nur eine untergeordnete Rolle und sind rare Exemplare. Die Gewächse von der Elbe sind durchweg angenehm leicht und können ein erstaunliches Bukett entwickeln, obwohl sie in der Regel trocken ausgebaut werden. Die Rieslinge sind vorwiegend rassig, die Ruländer zeigen in guten Jahren erstaunlich viel Körper, und die Müller-Thurgau-Weine haben eine gewisse Eleganz und Feinheit. Eine Besonderheit des kleinen Anbaugebiets ist der Goldriesling, eine Kreuzung von Riesling und Courtillier Musqué, die in den alten Bundesländern nicht kultviert wird.

Österreich

Obwohl Österreichs Weine nur rund ein Prozent der weltweiten Weinproduktion ausmachen, zählen die Gewächse der Alpenrepublik zu den besten Europas. Bereits die Kelten erkannten vor rund 3000 Jahren das Potenzial der fruchtbaren Böden und die für den Weinbau idealen Klimabedingungen. Den ersten großen Aufschwung erlebte der österreichische Weinbau jedoch erst im Mittelalter, als die Rebfläche stetig anstieg und zehnmal größer war als heute. Nach Überwindung des Weinskandals Mitte der 1980er-Jahre konnten die österreichischen Weine durch eine konsequente Qualitätspolitik international wieder an Bedeutung gewinnen.

Die derzeitige Weinbaufläche Österreichs beträgt rund 50 000 Hektar. Die Weinbaugebiete liegen vor allem im Osten der Republik. Den größten Rebflächen-Anteil besitzt Niederösterreich mit rund 60 Prozent, gefolgt vom Burgenland mit 34 Prozent und der Steiermark mit sechs Prozent.

Wachau

Die bekannteste Weinregion Österreichs umfasst eine Rebfläche von rund 1500 Hektar, die von fast 1000 Winzern bewirtschaftet wird. Die Weinlandschaft mit ihren an der Donau liegenden terrassierten Steillagen verhindert einen flächenmäßigen Einsatz von Maschinen und erfordert – wie zu allen Zeiten – eine aufwändige Handarbeit. Auf dem fruchtbaren, aber kargen Urgestein wachsen elegante und vielschichtige Grüne Veltliner, aber auch Müller-Thurgau, Riesling, Zweigelt, St. Laurent und Blauer Portugieser. Vor allem

die Trauben des Grünen Veltliners - der österreichischen Hauptrebsorte - und des Rieslings bringen in guten Jahren Weine von internationaler Spitze hervor.

Kremstal

Das Weingebiet Kremstal umfasst eine Anbaufläche von ca. 2500 Hektar rund um die Stadt Krems und schließt unmittelbar an die Wachau an. Auf Urgesteins- und Lößböden werden vor allem Grüner Veltliner und Riesling angebaut, immer mehr setzen die Kremstaler Winzer aber auch auf internationale Rebsorten wie Chardonnay. Eine Besonderheit des Kremstals sind die Temperaturschwankungen zwischen Tag und Nacht, die sich positiv auf die Traubenreife auswirken. Hier trifft das wärmere Klima des Ostens mit dem kühleren Klima des Westens zusammen. Die Weine zeichnen sich vor allem durch ihre ausgereiften Fruchtaromen aus.

Kamptal

Zentrum des 4200 Hektar großen Anbaugebietes, in dem zu 90 Prozent Weißweinreben kultiviert werden, ist Österreichs größte Weinbaustadt Langenlois. Die bekannteste Lage des Kamptals ist der Heiligenstein bei Zöbing, dessen Bezeichnung auf eine Urkunde aus dem Jahr 1280 zurückgeht, in welcher der Berg als »Höllenstein« bezeichnet wurde. Noch heute ist die Südhanglage einer der wärmsten Weinberge Österreichs. Der aus grauer Vorzeit stammende verwitterte Wüstensandstein der exponierten Weinberglage kommt vor allem dem Grünen Veltliner und dem Riesling zugute und bringt kräftige, würzige und rassige Weine hervor.

Donauland

Wagram, Klosterneuburg und Tulbing heißen die drei Bereiche, in die das Anbaugebiet unterteilt ist. Entlang des Flusses Wagram hat der Grüne Veltliner mit rund 65 Prozent den Löwenanteil der Anbaufläche, daneben werden Weißburgunder und Riesling angebaut. Die Weine aus dem Gebiet um Klosterneuburg verdanken ihre rassige, fruchtbetonte Art vor allem dem Löß-, Lehm- und sandigen Untergrund. Seit rund 150 Jahren befindet sich in Klosterneuburg die »Höhere Bundeslehr- und Versuchsanstalt für Wein- und Obstzucht«, in der auch die Zweigeltrebe gezüchtet wurde. Im Weingebiet Tulbing haben sich die Winzer vor allem auf den Anbau von Grünem Veltliner spezialisiert.

> Der Grüne Veltliner ist Österreichs bekannteste Rebsorte. Alle österreichischen Qualitäts- und Prädikatsweine tragen am Flaschenhals eine rot-weiß-rote Banderole mit staatlicher Prüfnummer.

Weinviertel

Das als »Veltlinerland« bekannte Weinviertel ist mit einer Anbaufläche von rund 18 000 Hektar das größte österreichische Anbaugebiet. Bekannt ist diese Weinregion aber auch für seinen Welschriesling, dessen Trauben zum größten Teil für die heimische Schaumweinproduktion verwendet werden. Im Weinviertel finden sich fast alle in Österreich zugelassenen Rebsorten, viele Weingüter werden im Mischbetrieb mit der klassischen Landwirtschaft geführt. Rotweine werden hauptsächlich in der Region um Haugsdorf angebaut, ansonsten ist der traditionelle Grüne Veltliner die meistangebaute Rebsorte im Weinviertel.

Thermenregion

Klein, aber fein ist die Thermenregion, die nur 3000 Hektar Rebfläche umfasst und eine der wärmsten und trockensten Anbaugebiete Österreichs ist. Vor allem Rotweinsorten – die rund 25 Prozent der Anbaufläche ausmachen – gedeihen in diesem Klima besonders gut, da die Vegetationsphase durch die trockenen September- und Oktobermonate sehr lang ist. Die Bodenbeschaffenheit reicht von steinigem, kargem Untergrund bis hin zu schweren und lehmhaltigen Böden und begünstigt dadurch die Sortenvielfalt. Zentren des Rotwein-Qualitätsweinbaus sind Bad Vöslau, Sooß und Baden unweit von Wien.

Neusiedlersee

Am nördlichen Ende des Neusiedlersees liegen die Weinberge in dem rund 11 000 Hektar großen Anbaugebiet auf einem Bodengemisch aus Löß, Schwarzerde, Schotter und Sand. Hier wachsen in guten Jahren Weine, die durchaus mit der internationalen Konkurrenz Schritt halten können: stoffreich, aber elegant, kraftvoll und ausdrucksstark. Vor allem die extraktreichen, vollmundigen Süßweine, die aufgrund der im Herbst durch die immense Wasserverdunstung des Sees regelmäßig auftretenden Edelfäule produziert werden können, gehören seit langem zur internationalen Spitze.

Burgenland

Südlich des Neusiedlersees profitieren die Reben von der Wärme, die aus der ungarischen Tiefebene kommt. Das Mittelburgenland ist eine der wenigen österreichischen Gebiete, in denen zum größten Teil Rotwein angebaut wird. Vor allem die Rebsorte Blaufränkisch findet in den tiefgründigen, schweren Böden ideale Wachstumsbedingungen und bringt kräftige, extraktreiche Weine hervor. Das Südburgenland ist mit rund 460 Hektar Anbaufläche die kleinste unter den österreichischen Weinregionen. Knapp über die Hälfte der hier erzeugten Weine sind weiß. Regionale Spezialität ist der Uhudler, ein Wein aus alten Direktträgerreben, die nicht auf Veredlungsunterlagen gepfropft wurden.

Steiermark

Im hügeligen Land der Südoststeiermark konzentriert sich der Weinbau nur auf wenige Zentren entlang der Südoststeirischen Hügelland-Weinstraße, der Thermenland-Weinstraße, der Oststeirischen Römerweinstraße und der Klöcher Weinstraße. Die Besonderheit der Anbauregion liegt in den vulkanischen Böden, die den Weinen eine besondere mineralische Note verleihen. Die Südsteiermark ist vor allem Weißweinland, die eleganten, fruchtigen Gewächse gehören zu den besten des Landes. Dagegen ist die Weststeiermark vor allem für den Schilcher bekannt, ein fruchtiger, säurebetonter Roséwein aus der Blauen Wildbacher Rebe.

Wien

Wien und der Wein, zwei untrennbar miteinander verbundene Begriffe. Römische Legionäre pflanzten im dritten Jahrhundert nach Christus hier die ersten Reben. Heute befinden sich die meisten Weinberge außerhalb der Stadtgrenze, an den Ufern der Donau und am Fuße des Bisamberges. Im Süden von Wien gibt es allerdings noch einige Orte innerhalb der Stadtgrenze, die Weinbau betreiben. Der größte Teil der produzierten Weine aus der 730 Hektar großen Anbaufläche wird über den legendären Heurigen abgesetzt. Der Wein des aktuellen Jahrgangs darf dann vom 11. November bis zum Ende des kommenden Jahres verkauft werden.

Frankreich

Frankreich verfügt über eine Rebfläche von rund 1 Millionen Hektar, die über rund 300 Anbaugebiete verteilt sind.

Wie kein zweites Weinbauland der Welt hat es Frankreich verstanden, den Wein mit seiner gesamten Kultur zu verbinden und daraus ein kulinarisches Gesamtkunstwerk zu machen. Französische Weine gehören seit Jahrhunderten zur Weltspitze und haben Geschichte geschrieben. Die Weinbaugebiete Burgund und allen voran Bordeaux haben in der internationalen Weinwelt Maßstäbe gesetzt und wurden zum Inbegriff von Weinqualität. Auch wenn die Preispolitik der französischen Spitzengüter immer wieder Anlass zur Kritik bietet – Absatzprobleme kennt man in diesen Kategorien noch lange nicht. Allerdings darf nicht vergessen werden, dass das Spitzensegment französischer Gewächse nicht einmal fünf Prozent der Gesamtweinmenge ausmacht.

Bordeaux

Die Region Bordeaux ist in jeder Hinsicht eine Weinregion der Superlative. Jeder sechste Einwohner der alten Hafenstadt arbeitet direkt oder indirekt für den Wein. Das erste Wein-Château wurde bereits 1550 errichtet, um den edlen Gewächsen auch einen gebührenden architektonischen Rahmen zu geben. Heute existieren auf der rund 110 000 Hektar großen Anbaufläche kontrollierter Herkunft ca. 10 000 Châteaux mit eigenen Weinmarken, die einfachen Handelsmarken nicht mitgezählt. Die bekannteste Bordeaux-Sorte ist Cabernet Sauvignon, in den Regionen Médoc und den Graves macht sie bis zu 70 Prozent des Anteils des Rebsortenspiegels aus. Die legendäre Rotwein-Klassifizierung wurde 1855 eingeführt und nur ein einziges Mal – 1973 – angepasst.

BURGUND

Benediktinermönche des Klosters Cluny und Zisterzienser der Abtei Clos de Vougeot haben im 13. Jahrhundert den burgundischen Weinbau entscheidend nach vorne gebracht. Die Zisterzienser erkannten den Einfluss des Terroirs auf die Qualität der Weine und teilten ihre Rebgärten in verschiedene Lagen, so genannte Crus ein. Heute bewirtschaften rund 8000 Winzerbetriebe eine Gesamtfläche von rund 47 000 Hektar, davon allein 22 500 Hektar im Beaujolais. Die Klassifizierung im Burgund unterteilt sich nach AOC *(Appellation d'Origine Contrôlée)*, Premiers Crus und Grands Crus. Hauptrebsorte ist Pinot Noir, im Beaujolais dominiert die Gamay.

CHAMPAGNE

Erst 1927 wurde die Region, die sich Champagne nennen darf, exakt definiert. Sie erstreckt sich von Charly, rund 50 Kilometer östlich von Paris, bis nach Reims und südwärts über Epernay zur Côte des Blancs und ihren südlichen Ausläufern, der Côte de Sézanne. Die Region verfügt nur über eine einzige Appellation, alle besseren Crus liegen an den Hängen der für diese Landschaft typischen Hügel. Traditionell entsteht ein Champagner aus Weinen verschiedener Lagen innerhalb der Appellation und aus den Traubensorten Pinot Noir, Pinot Meunier und Chardonnay. In den Verschnitten einiger großer Champagnerhäuser findet man Weine aus bis zu 200 Gemeinden.

LANGUEDOC-ROUSSILLON

Zwischen Meer und Gebirgszügen liegt die heißeste französische Weinregion, deren Reben auf künstlich angelegten, schmalen und steilen Terrassen wachsen. Lange Zeit produzierten die Winzer im Languedoc-Roussillon, dem mit 300 000 Hektar Rebfläche größten zusammenhängenden Anbaugebiet der Welt, fast ausschließlich Massenweine. Erst allmählich setzt sich der Qualitätsweinbau durch. Neben den traditionell angebauten Rebsorten Grenache, Carignan, Cinsault und Mourvèdre halten die internationalen Sorten Einzug in die Weinberge des Languedoc-Roussillon. Vor allem die Syrah, die fruchtige, vollmundige Weine hervorbringt, kam in den vergangenen Jahren zu neuem Ruhm.

ELSASS

Die bewegte politische Geschichte des Elsass war immer auch die Geschichte des Weines. Erst nach dem Zweiten Weltkrieg hat das klimatisch relativ kühl geprägte Weinland Elsass zu einer neuen Identität und zu einer konsequenten

Qualitätspolitik im Weinbau gefunden. Im Gegensatz zu den übrigen französischen Weinregionen werden im Elsass die Rebsorten auf dem Etikett verzeichnet. Auch wenn die Sortenvielfalt zugenommen hat, stehen sieben, vor allem weiße Rebsorten noch immer für die klassische Elsässer Weinbautradition: Riesling, Gewürztraminer, Silvaner, Pinot Blanc, Pinot Gris, Muscat und Pinot Noir.

Während in den südlicheren Anbaugebieten die Cuvées die Weinszene bestimmen, werden die meisten Weine aus den nördlicheren Regionen aus einer einzigen Rebsorte gekeltert.

Loire

Die Loire, eine der letzten wilden, unverbauten Wasserläufe Europas, prägt die Weinregion, aus der frische, fruchtige Rot- und Weißweine und extraktreiche Süßweine kommen. Chenin Blanc ist die dominierende Traubensorte, die an der Loire seit dem 9. Jahrhundert angebaut wird. Die jungen Weine duften nach Apfel und Zitrusfrüchten und entwickeln mit zunehmendem Alter eine bemerkenswerte aromatische Vielfalt. Sauvignon Blanc ist die wichtigste Weißweinsorte der Anbaugebiete Pouilly-Fumé und Sancerre, aber auch der weniger bekannten Appellationen Menetou-Salon, Quincy und Reuilly. Die klassische Rotweinsorte der Loire ist Cabernet Franc.

Rhône

Aus dem Rhône-Tal kommen seit Jahren eine ganze Reihe hervorragender süßer und trockener Rot-, Weiß- und Roséweine. Allen gemeinsam ist ihr voller, würziger Geschmack. Berühmte Appellationen wie

Hermitage, Gigondas und Châteauneuf-du-Pape haben die Weinregion weltweit bekannt gemacht. Die Bereiche produzieren hauptsächlich Rotweine und nur geringe Mengen Weißwein. Die roten Klassiker aus Hermitage mit dem rauchigen Brombeeraroma kommen aussschließlich aus der Syrah-Traube. Bei den nach Pfeffer duftenden Gewächsen aus den Appellationen Châteauneuf-du-Pape und Gigondas dominiert neben der Syrah vor allem die Sorte Grenache.

Italien

Die italienische Weinpalette ist so umfangreich und in den Qualitäten so verschieden wie Land und Leute. Italiens Weine und Weinbaugebiete in all ihren Aspekten zu erfassen, ist fast unmöglich. Kein anderes Land hat so vielfältige Rebsorten, Böden und Mikroklimate wie Italien und die dazugehörigen Inseln Sizilien und Sardinien. Einfachste Landweine aus dem Süden, vielfach produziert aus regionalen Traubensorten und meist in großen Literflaschen abgefüllt, gehören genauso zur italienischen Weinlandschaft wie die edlen Gewächse der Toskana oder dem Piemont, die auf dem internationalen Weinmarkt Spitzenpreise erzielen. Italie-

Die Rebfläche Italiens beträgt rund 900 000 Hektar. Kein anderes Land der Welt hat so vielfältige, unterschiedliche Böden, Mikroklimate und Reberziehungssysteme wie Italien. Die relativ kühle Weinregion Südtirol im Norden Italiens liegt rund 2000 Kilometer von den vulkanischen Böden der Weinbau-Insel Pantelleria entfernt.

nische Weine haben immer auch etwas mit Lebensgefühl zu tun, ein Trinkgenuss à la Dolce vita.

PIEMONT

Griechen und Römer waren die ersten Winzer im traditionsreichen Piemont, der große Aufschwung der Region kam aber erst vor zwei, drei Jahrzehnten. Nach dem Aufstieg des Barolo – einem Wein aus der Nebbiolo-Traube – war es vor allem Angelo Gaja, der mit seinem im Barrique-Fass ausgebauten Barbaresco die Fachwelt in Erstaunen setzte. Die reinsortigen Nebbiolo-Weine sind bis heute die Spitzenprodukte des Piemont, obwohl die Rebsorte Barbera die meistangebaute Traube des Piemont ist. Barbera-Weine sind von Natur aus fruchtig und rassig. Aus der Dolcetto-Traube keltern die piemontesischen Winzer meist einfache, leichte Weine, die ideal zum Essen der Region passen.

SÜDTIROL UND TRENTINO

Zwischen Alpenkamm und Gardasee gelegen, profitieren die Provinzen Südtirol und Trentino von dem sonnigen Klima der Region. Obwohl Südtirol vor allem für einfache Rotweine bekannt ist, haben sich in den vergangenen Jahren besonders die eleganten Weißweine in die Spitze der italienischen Weinszene geschoben, allen voran der Gewürztraminer mit seinem aromatischen, blumigen Bukett und der

frischfruchtige Pinot Bianco. Im Trentino wachsen die Reben vor allem im Tal der Etsch und in den Seitentälern Valle di Laghi und Val di Cembra. Der Chardonnay nimmt hier einen Großteil der Rebfläche ein; mit Marzemino und Teroldego besitzt das Trentino dazu zwei rote Sorten, die sonst nirgendwo auf der Welt kultiviert werden.

Veneto

Vom Rand der Dolomiten bis zur Poebene erstreckt sich das facettenreiche Weinland Veneto mit einer Vielfalt an lokalen Rebsorten sowie verschiedensten Klima- und Bodentypen. Unter allen venezianischen Rot- und Weißweinen ist bis heute Prosecco der bekannteste Wein, der nach wie vor zu den Exportschlagern der Region zählt. Die Traubensorte Corvina bringt die Trauben für die wichtigsten Rotweine des Veneto: Valpolicella Classico und Amarone della Valpolicella. Vor allem die delikate Frucht hat die regionale Traubensorte zur wichtigsten des Veneto gemacht. Die meistangebaute Weißweinsorte ist die Garganega, die vor allem im Soave Classico ihr ganzes Potenzial zeigt.

Lombardei

Die Lombardei zählt zu den wichtigsten Weinregionen Italiens und liegt inmitten des Alpenbogens im Einflussbereich vieler unterschiedlicher Mikroklimate. Der Weinbau konzentriert sich auf die Gebiete Oltrepò Pavese, Franciacorta und Veltlin, wo die Rebterrassen bis auf eine Höhe von 600 Metern ansteigen. Vom Westufer des Gardasees kommen lebhafte Rotweine aus den Sorten Rondinella, Merlot und Cabernet. Weißweine werden hier aus Trebbiano Toscano, Garganega und anderen lokalen Rebsorten gekeltert. Die Weinregion Lugana wurde vor allem mit ihren aus internationalen Rebsorten erzeugten »Vini da tavola« weltweit bekannt.

Friaul

Seinen modernen Weißweinen verdankt diese renommierte Weinregion ihren weltweit guten Ruf. Das bedeutende Anbaugebiet zieht sich die slowenische Grenze entlang und umfasst die DOC-Regionen Collio Goriziano im Süden und Colli Orientali del Friuli in der Provinz Udine. In der Mitte der Region erstreckt sich die weite Schwemmlandebene, hier schließt die DOC-Region Friuli Grave an die im benachbarten Veneto liegenden Anbaugebiete Piave und Lison-Pramaggiore an. Vor allem rote Sorten finden auf den fruchtbaren Böden ideale Wachstumsbedingungen. Merlot und Cabernet Franc sind hier längst heimisch geworden.

Toskana

Die Toskana, obwohl nur ein relativ kleines Anbaugebiet, liegt in der Erzeugung von Spitzenweinen ganz vorne. Rund 45 Prozent der Weine haben DOC- oder DOCG-Status, unter ande-

rem solch berühmte Namen wie Brunello di Montalcino, Carmignano, Chianti, Chianti Classico, Vernaccia di San Gimignano und Vino Nobile di Montepulciano. Die als »Vini da tavola« klassifizierten Super-Toskaner gehören heute zu den Spitzenweinen der internationalen Weinszene. Cabernet Sauvignon und Merlot gehören zu den Rebsorten, die immer stärker Einzug in die heimischen Weinberge halten. Oft werden sie mit Sangiovese verschnitten oder sortenrein im Barrique-Fass ausgebaut.

Sardinien

Gerade in den vergangenen Jahren haben die Weine der mediterranen Insel an Qualität und Renommee gewonnen. Die Fortschritte sind dank dem Engagement privater und genossenschaftlicher Kellereien beachtlich und liegen vor den anderen Regionen Süditaliens. Ein Großteil der Weinproduktion fällt auf weiße Rebsorten. Vor allem im Westen der Insel erzeugt man zwei ganz spezielle Weißweine: Der trockene Vernaccia di Oristano verfügt über einen hohen Alkoholgehalt, der sehr seltene Malvasia di Bosa ähnelt dagegen eher einem ungespriteten Sherry. Im Nordteil der Insel kommen aus der DOC Moscato di Sorso-Sennori süße, angenehm aromatische Weißweine.

Sizilien

Die größte Mittelmeerinsel mit ihrem 1400 Kilometer langen Küstenstreifen gehört zu den ältesten europäischen Weinbauregionen. Lange Zeit war die Insel ausschließlich für anonyme Massenweine bekannt, erst seit einigen Jahren hat auch hier ein neues Qualitätsbewusstsein eingesetzt. Die Weinproduktion Siziliens ist zu über 75 Prozent weiß. Die wichtigste Weinprovinz ist Messina, im Osten Siziliens. Hier wird aus Nerello Mascalese und Nerello Cappuccio der rote Faro gekeltert. Der repräsentativste DOC-Wein aus dem Südosten Siziliens ist der Cerasuolo di Vittoria, ein milder, alkoholkräftiger Wein, der vor allem mit der regionalen Küche harmoniert.

Spanien

Nach dem Umfang seiner Rebfläche ist Spanien das größte Weinbauland der Welt, gemessen an der produzierten Weinmenge liegt es dagegen hinter Italien und Frankreich. Dies ist vor allem der Trockenheit in weiten Teilen des Landes zuzuschreiben, die auf natürlichem Wege die Traubenerträge niedrig hält. Erst in den letzten Jahren hat ein moderner und qualitätsorientierter Weinbau in die sehr von Traditionen geprägte spanische Landwirtschaft Einzug gehalten. Nicht

Spanien hat zwar mit rund 1,2 Millionen Hektar die größte Rebfläche der Welt, liegt aber mit der jährlichen Erntemenge hinter Italien und Frankreich an dritter Stelle der Welterzeugung.

nur aus Rioja, der bekanntesten spanischen Weinregion, kommen heute Spitzenweine von internationalem Format, vor allem die kleineren und kleinsten Anbaugebiete der Iberischen Halbinsel haben deutlich an Qualität zugelegt.

Rioja

Das bekannteste Anbaugebiet Spaniens ist nur rund 120 Kilometer lang und liegt an den fruchtbaren Flussufern des Ebro. Berühmt sind vor allem die würzigen und extraktreichen Rotweine, die über ausreichend Reifepotenzial für mehrere Jahre verfügen. Die Weinregion Rioja besteht aus drei Unterzonen: Rioja Alavesa im Westen, Rioja Alta mit seinen Rebhängen in den aufsteigenden Hügeln und Rioja Baja, die wärmste und trockenste Region. Der typische Rioja besteht zu rund 80 Prozent aus Tempranillo, hinzu kommen kleine Mengen an Garnacha- und Cariñena-Trauben. Mittlerweile wird der bekannte Wein auch mit Cabernet Sauvignon und Merlot verschnitten.

Priorato

Klein, aber fein – das Anbaugebiet Priorato umfasst ganze neun Weindörfer im bergigen Hinterland von Tarragona. Ursprünglich wurde hier nur die Cariñena-Traube kultiviert, erst seit Ende der 1980er-Jahre erlebte die traditionelle Garnacha-Traube eine Renaissance, und auch der Cabernet Sauvignon machte sich in den wenigen Weinbergen breit. Im Verschnitt aus diesen Rebsorten entsteht heute einer der besten, aber auch teuersten spanischen Weine. Die charaktervollen Rotweine verfügen über ein großes Reifepotenzial und sind für ihre Langlebigkeit berühmt.

Penedés

Der Cava, ein spanischer Schaumwein, hergestellt nach der traditionellen Flaschengärmethode, hat die Weinregion südlich von Barcelona bekannt und berühmt gemacht. Cava, der aus den Traubensorten Macabeo, Xarel-lo und Parellada produziert wird, muss mindestens neun Monate auf der Hefe liegen, Jahrgangs-Cava wie der Cava Vintage sogar vier Jahre. Neben der Schaumweinproduktion kommen aus der Weinregion fruchtbetonte Weißweine, die aus den tonhaltigen Kreideböden des Penedés ihre Substanz ziehen. Die Rotweine werden aus den Sorten Cariñena, Garnacha und Monastrell gekeltert.

Ribera del Duero

Entlang der Ufer des Duero-Flusses, bis auf eine Höhe von 900 Metern, liegen die Weinberge dieser Weinregion, die in den vergangenen Jahren einen kometenhaften Aufstieg erlebt hat. Die Gegend ist von klimatischen Widersprüchen geprägt: Auf lange, frostkalte Winter folgen kurze, trockene Sommer. Angebaut wird in erster Linie die Traubensorte Tempranillo, die als Tinto Fino oder Tinto del País bezeichnet wird. Berühmtestes Weingut ist die »Bode-

gas Vega Sicilia«. Von hier kommen die mächtigen, strukturreichen und eleganten Rotweine, die mit Cabernet Sauvignon, Merlot und Malbec verschnitten sind.

Portugal

Das kleine Land im Westen der Iberischen Halbinsel ist erst vor einigen Jahren aus dem vinologischen Dornröschenschlaf erwacht. Zwar hatte man mit Portwein seit dem 17. Jahrhundert einen Exportschlager, aber die traditionelle Weinwirtschaft lag mehr oder weniger am Boden. Jetzt erst macht sich vor allem eine junge Winzergeneration an die Arbeit, das riesige Potenzial der Klimate und Böden zu entdecken, um Weine zu produzieren, die sich längst nicht mehr hinter dem ewigen Konkurrenten aus Spanien verstecken müssen. Im kühlen atlantischen Klima des Nordens wachsen heute leichte, spritzige Weine, die eine Renaissance der portugiesischen Weinwirtschaft eingeläutet haben.

> Die Rebfläche Portugals beträgt rund 250 000 Hektar. Portugal gilt als Land der 500 Rebsorten und besitzt damit die größte Rebsortenvielfalt der Welt. Die meisten Weine werden traditionell aus mehreren Rebsorten hergestellt.

Vinho Verde

Das Vinho Verde-Gebiet im Norden Portugals ist gleichzeitig die größte DOC-Region des Landes. Den »grünen

Wein«, der den größten Anteil an der portugiesischen Weinproduktion einnimmt, gibt es in zwei Versionen: zum einen als roten, tanninherben Wein, der weitestgehend im Land selbst getrunken wird, zum anderen als Weißwein, nach dem Portwein Portugals wichtigster Exportwein. Die leichten, kohlensäurefrischen Weine besitzen meist ein paar Gramm Restzucker und verfügen über fruchtige Aromen. Früher durchlief der Vinho Verde immer die malolaktische Gärung, wodurch die Kohlensäure entstand. Heute wird dem industriellen Vinho Verde, der 90 Prozent der Produktion ausmacht, Kohlensäure zugesetzt. Gekeltert wird der Wein aus ganz unterschiedlichen Rebsorten, meist sind es Verschnitte aus regionalen Trauben. Die beste Sorte ist dabei der Alvarinho, der im Norden an der Grenze zu Galizien angebaut wird.

Douro

Dieses klassische Anbaugebiet des Portweins, der nach dem Hafen benannt ist, von dem aus er verschifft wurde, liegt ca. 100 Kilometer östlich von Porto am Oberlauf des Douro-Flusses. Auf verwitterten Schieferböden liegen die Rebterrassen, die sich bis weit ins Hinterland erstrecken. Die Böden speichern die wenige Feuchtigkeit, so dass die empfindlichen Reben auch bei sommerlicher Trockenheit ausreichend mit Wasser versorgt sind. Im Douro wächst Portugals bester Rotwein, der Barca Velha.

Alentejo

Aus dem Alentejo kommt ein Großteil der Modeweine, die Portugal wieder einen Platz unter den Weinbaunationen ermöglicht haben. Auf den heißen Böden, im Sommer sind 40 °C die Regel, wachsen heute elegante, fein strukturierte Weißweine und kräftige Rotweine mit vollen, reifen Aromen. Unter den roten Rebsorten ist vor allem die Aragonez-Traube zu erwähnen, die den Weinen Eleganz und Struktur verleiht. Das Terroir besteht zum größten Teil aus Schiefer, Granit und Quarziten mit Anteilen von Marmor, der im Raum von Estremoz und Borba in großen Blöcken abgebaut wird.

Südafrika

Die Rebfläche in Südafrika beträgt rund 118 000 Hektar. Etwa 80 Prozent sind mit Weißweinreben bepflanzt.

Die Weinbautradition Südafrikas geht auf das Jahr 1652 zurück, als die ersten Europäer südafrikanischen Boden betraten. Heute beträgt die Gesamtanbaufläche rund 118 000 Hektar, Tendenz weiter steigend. Seit dem Ende der Apartheid erlebt der Kapweinbau einen Aufschwung im Export. Weine aus Stellenbosch oder Paarl sind gefragt wie nie zuvor, gleichzeitig steigt die Anbaufläche der Rotweinsorten Cabernet Sauvignon, Merlot, Shiraz und Pinotage rasant in die Höhe. Aber auch internationale Weißweinsorten wie Chardonnay und Sauvignon Blanc hielten Einzug in die Kapweinberge. Vor allem in den kühleren, küstennahen Regionen werden diese Weine sowohl im Tank als auch im Holzfass ausgebaut. Trotz der Hitze haben viele südafrikanische Weine mehr Säure als vermutet. Das liegt vor allem an den kühlen Strömungen, die von der Antarktis kommen. Die Winde kühlen sich an diesem kalten Strom ab und sorgen für ein gemäßigtes Weinbauklima am Kap.

Chile

> Die Rebfläche in Chile beträgt rund 80 000 Hektar, Tendenz steigend. Rund 60 Prozent der Fläche ist mit Rotweinreben bepflanzt.

Chile hat ein fast mediterranes Klima. Weinbau gibt es seit 400 Jahren in Chile, durch die Rebpflanzungen der Spanier entstand hier das älteste Weinland der südlichen Erdhalbkugel. Aber erst in den vergangenen Jahren hat sich die chilenische Weinbranche dem internationalen Markt geöffnet. Seit Mitte des 19. Jahrhunderts werden vor allem Cabernet Sauvignon, Merlot, Chardonnay und Sauvignon Blanc kultiviert. Den bedeutendsten Zuwachs erlebt derzeit der Chardonnay, der vorwiegend im kleinen Barrique-Fass ausgebaut wird. Beim Rotwein steht Cabernet Sauvignon auf dem ersten Platz, gerade in den wärmeren Regionen findet die Rebsorte ideale Wachstumsbedingungen. Zur typischem Cassisnote kommt bei chilenischem Cabernet oft ein Eukalyptusaroma, das die Fruchtigkeit betont.

USA–Kalifornien

In den vergangenen Jahrzehnten erlebte der Weinbau an der Westküste der USA einen beispiellosen Boom. Heute wachsen in einem rund 1600 Kilometer langen Küstenband zwischen Seattle im Staate Washington und Los Angeles Chardonnay-, Cabernet Sauvignon-, Sauvignon Blanc-, Pinot Noir-, Merlot- und Syrah-Weine, die Kalifornien zum Weinland gemacht haben. Die Nähe zum Meer, der morgendliche Nebel und die kühlen Winde schaffen in der heißen Weinregion ideale Bedingungen für den Weinbau, vor allem im Napa-Valley und im Sonoma-Valley. Die Rebfläche umfasst 375 000 Hektar, die erzeugte Weinmenge beträgt fast 90 Prozent der gesamten Weinproduktion in den USA. Neben den berühmten Weinlegenden Mondavi, Gallo, Simi und Fetzer haben sich mittlerweile fast 900 Weinbaubetriebe etabliert, Tendenz steigend.

Australien

Australien ist das erste Land der Neuen Welt, dessen Spitzenweine sich auf den internationalen Märkten durchgesetzt haben. Eine australische Eigenart ist es, zwei oder mehr Weine miteinander zu verschneiden und den Wein nach sämtlichen Rebsorten zu benennen.

Während noch bis zu Beginn des 20. Jahrhunderts in Australien Weine im Sherry- und Madeira-Stil gefragt waren – wichtigster Absatzmarkt war Großbritannien –, haben sich die australischen Winzer ab den 50er-Jahren auf den Ausbau von trockenen Weinen konzentriert. Heute bewirtschaften rund 1100 Betriebe eine Rebfläche von 150 000 Hektar. Chardonnay ist die meistangebaute weiße Rebsorte, die Weine reichen von leichten Gewächsen mit frischen Zitrusaromen bis hin zu schweren, gehaltvollen Weinen, die vor allem aus den wärmeren Anbaugebieten kommen. Die australische Rotweinszene wird von der Shiraz-Traube dominiert, die fruchtige Weine mit würzigem Duft hervorbringt. Die größten Weinfirmen sitzen in South Australia, zu dem die Gebiete Barossa Valley, Clare Valley, McLaren Valley, Coonawarra und Padthaway gehören.

Neuseeland

> **WICHTIGSTE REBSORTEN**
>
> Chardonnay, Sauvignon Blanc, Müller-Thurgau, Riesling, Chenin Blanc, Pinot Noir, Merlot, Cabernet Sauvignon und Shiraz. **Bekannteste Regionen:** Auckland, Hawkes Bay, Cloudy Bay und Marlborough.

Zwischen dem 38. und dem 45. Breitengrad wird in Neuseeland Weinbau betrieben. Damit besitzt das Land die südlichsten Weinbauregionen auf der Südhalbkugel. Vor allem der Einfluss des Pazifiks, seine kräftigen Westwinde und die ausreichenden Niederschläge sorgen für ein relativ kühles Klima. Noch bis vor 30 Jahren wurde Weinbau ausschließlich auf der Nordinsel betrieben, erst das Unternehmen Montana wagte den Schritt auf die klimatisch etwas kühlere Südinsel. Die Gesamtanbaufläche umfasst nur rund 12 000 Hektar, die von ca. 350 Weinbaubetrieben bewirtschaftet werden. Chardonnay und Sauvignon Blanc bestimmen das Weingeschehen auf beiden Inseln, die meisten Weine werden im Barrique ausgebaut. Eine Spezialität der neuseeländischen Winzer ist der Sauvignon Blanc, der vor allem durch seine intensiven Aromen von Stachelbeere, Passionsfrucht, Limonen und grünem Spargel besticht. Neuseeländische Rotweine werden vorwiegend aus der Pinot Noir-Traube gekeltert.

Who is who

PETRUS

Who is who

Gebrauchsanweisung: Etiketten

Die Sprache der Etiketten ist kompliziert geworden: Handelt es sich jeweils um den Firmennamen, den Markennamen, die Traubensorte, einen Fantasienamen oder den Herkunftsort? Der Vielfalt sind kaum mehr Grenzen gesetzt. Dennoch: Immer ist das Etikett Aushängeschild des Weines und natürlich ein verkaufsförderndes Marketinginstrument im hart umkämpften Weinmarkt. Etiketten berühmter Weingüter haben durch bekannte Symbole oder Farben – der Turm von Château Latour oder die himmelblaue Etikettenfarbe des Weingutes Robert Weil – ausreichend Signalwirkung, unabhängig davon, welche Informationen auf dem Etikett stehen.

Was auf dem deutschen Etikett stehen muss und was darauf stehen darf, wurde im Weingesetz bis ins Detail geregelt. Vorgeschrieben sind die Bezeichnung des Anbaugebietes, der Jahrgang, der Erzeugername, der Begriff Gutsabfüllung oder Erzeugerabfüllung – im Gegensatz zur Abfüllung in einer Kellerei. Immer mehr Winzer verzichten auf die Angaben von Orts- und Lagennamen und nennen nur die Rebsorte und die entsprechende Qualitätsstufe auf dem Etikett. In der aufsteigenden Reihenfolge sind das: Tafelweine, Qualitätsweine bestimmter Anbaugebiete (QbA), Kabinett-Weine, Spätlesen, Auslesen, Beerenauslesen (BA), Trockenbeerenauslesen (TBA) und Eisweine. Obligatorisch sind auch die Angaben der Füllmenge, des Alkoholgehaltes und der amtlichen Prüfnummer, aus deren beiden letzten Ziffern das Jahr der Flaschenfüllung abgelesen werden kann. Immer häufiger werden Logo oder Label des Weingutes auf dem Rückenetikett untergebracht.

Auch für Bordeaux-Weine gelten mittlerweile strenge Vorschriften. Neben dem Weinnamen oder der Marke (*Château*) muss die Klassifizierung, die Herkunftsbezeichnung, der Jahrgang, Name und Adresse des Besitzers, der Alkoholgrad und der Flascheninhalt angegeben werden. Neben den Klassifizierungen der Crus (*Premier Cru, Grand Cru*), die sich vor allem im Bordelais und Burgund unterscheiden, sollte bei französischen Weinen vor allem auf die Bezeichnungen AC (*Appellation Contrôlée* für Weine höherer Qualität aus bestimmten Anbaugebieten) oder AOC (*Appellation d'Origine Contrôlée* für Weine mit eng umrissener Herkunft und strengen Produktionsvorschriften) geachtet werden, hinter denen kontrollierte Herkunfts- und Qualitätsprüfungen stehen. AC-Weine sind das französische Pendant zu dem, was laut EU-Recht als Qualitätswein zu bezeichnen ist. In erster Linie liegt der AC eine geografische Festlegung zugrunde, um Marken- und Gattungsweine vor Namensmissbrauch zu schützen.

Das gleiche Kontrollsystem für eine definierte Bezeichnung von Qualitätsweinen gibt es im italienischen Weingesetz

unter dem Begriff DOC (*Denominazione di Origine Controllata*). Darunter fallen in den einzelnen Weinbaugebieten auch Bestimmungen über die angebauten Rebsorten, Mindest- und Höchst-Alkoholgehalt, Gesamtsäure und Extrakt-Gehalt, Ertragsgrenzen und Weinbereitungspraktiken. Daneben existiert in Italien seit 1963 die Qualitätsbezeichnung DOCG (*Denominazione di Origine Controllata e Garantita*), die neben der Kontrolle auch eine Garantie vorsieht und für die Spitzenweine des Landes gedacht ist.

Das spanische Weingesetz umfasst Regeln zur Produktion, zur Bezeichnung und zum Verkauf der Weine. Zusätzlich beinhaltet es Richtlinien zu Klassifizierung, Qualitätskategorie, Herkunftsbezeichnung, Weinbau und Kellertechnik und zur Gestaltung von Flasche und Etikett. Die Spitze der Bezeichnungspyramide bilden die DOCa-Weine (*Denominación de Origen Calificada*), deren Trauben aus einem genau umrissenen Gebiet stammen müssen. Die zugelassenen Erntehöchsterträge sind dabei streng vorgeschrieben und geringer als in allen anderen Klassifizierungen. Zusätzlich wird bei DOCa-Weinen kontrolliert, ob Rebsorten, Ausbau und Lagerzeit der Weine den gesetzlichen Vorschriften entsprechen. Daneben gibt es derzeit 54 zugelassene Zonen für DO-Weine (*Denominación de Origen*), für die weniger strengere Vorschriften gelten. Weine mit geografischer Herkunftsangabe und eher regionalem Charakter werden unter der Klassifizierung *Vino de la Tierra*

(VdlT) zusammengefasst. Die Bezeichnung *Vino Comarcal* (VC oder CV) kennzeichnet Weine, die in derzeit 21 klassifizierten Gebieten mit vorwiegend regionalem Charakter produziert werden. Die unterste Qualitätsstufe der spanischen Weine stellen die Tafelweine (*Vino de Mesa* – VdM) dar. Um das Prädikat Crianza zu erhalten, müssen Weine zwei Jahre Reifezeit nachweisen, davon mindestens sechs Monate im Holzfass. Die Gebiete Rioja und Ribera del Duero fordern sogar zwölf Monate. Für die Bezeichnung Reserva müssen die Weine mindestens drei Jahre reifen, davon je ein Jahr im Holz und in der Flasche. Gran Reserva dürfen sich ausschließlich die Weine nennen, die fünf Jahre ausgebaut wurden: Zwei Jahre im Holzfass und drei Jahre in der Flasche.

Auch die Winzer in Übersee haben bei den Etiketten immer weniger Gestaltungsfreiheit. In den USA sind folgende Angaben obligatorisch: Name des Erzeugers, Weintyp, geschützte Fantasienamen, Abfüller (*Grown, produced and bottled by oder Estate bottled*), Alkoholgehalt, Schwefelgehalt, Missbrauchswarnung und die Füllmenge.

Australische Weine dürfen entweder als Rebsortenwein (muss zu 80 Prozent aus der genannten Sorte bestehen) oder als Verschnittwein auf den Markt kommen; für Weine aus Neuseeland sind Produktname, Erzeuger mit Name und Adresse, Alkoholgehalt und Flascheninhalt vorgeschrieben.

Die Weinhierachie in der EU kennt zwei Qualitätsstufen, in die jeder in Europa produzierte Wein passen muss:
Entweder ist es ein Qualitätswein mit Herkunftsbezeichnung, also alle AOC, DOC, DO und QbA-Weine, oder es handelt sich um Tafelwein, der allerdings mit und ohne Herkunftsbezeichnung auf den Markt kommen darf.

Das Weingesetz in Südafrika unterscheidet *Non-certified Wines*, die als Tafelweine in den Handel kommen, und *Certified Wines*, die eine Ursprungsbezeichnung (*Wine of Origin*) tragen und die Garantie für Rebsorte, Jahrgang und Herkunft sind. Üblicherweise finden sich auf einem südafrikanischen Etikett Anbaugebiet, Erzeugername, Rebsorte, Füllmenge der Flasche und der Alkoholgehalt.

WELCHE REBSORTE STECKT HINTER DEN WEINEN?

Ratlosigkeit beim Weineinkauf: Fantasienamen, etablierte Marken, bekannte Etiketten, aber kein Hinweis auf Herkunft und Traubensorte. Was also verbirgt sich hinter den Namen, die jedem bekannt sind; welche Rebsorten stehen hinter den großen Weinen aus Frankreich, Italien und Spanien?

Frankreich

Rot

Bordeaux: Cabernet Sauvignon, Cabernet Franc
Graves (Bordeaux): Cabernet Sauvignon, Cabernet Franc, Merlot
Saint-Emilion (Bordeaux): Merlot, Cabernet Sauvignon, Cabernet Franc
Beaujolais (Burgund): Gamay, Pinot Noir, Pinot Gris, Chardonnay, Aligoté
Châteauneuf-du-Pape (Rhône): Grenache Noir, Cinsault, Syrah
Côte Rôtie (Rhône): Syrah
Gigondas (Rhône): Grenache Noir, Syrah
Bandol: Mourvèdre, Grenache, Cinsault
Hermitage: Syrah, Marsanne, Roussanne

Das Mischungsverhältnis der Cuvées ist vom Erzeuger abhängig, von Jahr zu Jahr verschieden und kann nicht einheitlich genannt werden. Die Reihenfolge der genannten Rebsorten zeigt die Gewichtung des Anteils der jeweiligen Rebsorte am Wein an.

Weiss

Bordeaux Sec: Sémillion, Sauvignon Blanc
Chablis (Burgund): Chardonnay
Bourgogne Aligoté: Aligoté, Chardonnay
Sancerre (Loire): Sauvignon Blanc
Beaujolais (Burgund): Chardonnay, Aligoté
Champagner: Pinot Noir, Pinot Meunier, Chardonnay
Crémant d'Alsace: Riesling, Pinot Blanc, Pinot Noir, Pinot Gris, Auxerrois, Chardonnay
Pouilly-Fumé: Sauvignon Blanc
Hermitage: Marsanne, Roussanne
Bandol: Bourboulenc, Clairette, Ugni Blanc

Italien

Rot

Barbaresco (Piemont): Nebbiolo
Barbera d'Asti (Piemont): Barbera, Freisa, Grignolino
Barolo (Piemont): Nebbiolo
Chianti (Toscana): Sangiovese, Canaiolo Nero, Trebbiano
Sassicaia (Toscana): Cabernet Sauvignon
Vino Nobile di Montepulciano (Toscana): Sangiovese, Lanaiolo Nero
Valpolicella (Venetien): Corvina Veronese, Rondinella, Molinara

Weiss

Asti (Piemont): Moscato
Piemonte Spumante: Chardonnay, Pinot Bianco, Pinot Grigio, Pinot Nero
Soave (Venetien): Garganega, Pinot Bianco, Chardonnay
EstEstEst: Malvasia, Trebbiano
Frascati: Malvasia, Trebbiano, Greco

Spanien

Rot

Cigales: Tempranillo, Garnacha
Navarra: Tempranillo, Garnacha Tinta, Cabernet Sauvignon, Merlot
Priorato: Garnacha Tinta, Garnacha Peluda, Cabernet Sauvignon
Rioja: Tempranillo, Garnacha, Cabernet Sauvignon

Weiss

Cava: Xarel-lo, Parellada, Macabro, Chardonnay

Giganten für den grossen Durst

Wein sammeln ist ein teures und exklusives Hobby, vor allem, wenn es um Großflaschen geht. Der Run auf die Riesenflaschen begann erst Anfang der 1980er-Jahre. Und er hat sich mit dem zehn Jahre später einsetzenden Bordeaux-Boom weiter verstärkt. Seitdem füllen auch immer mehr deutsche Winzer ihre Spitzenweine in Großflaschen ab, je nach Weintyp in die Bordeaux- oder Burgunderformate oder auch in eine überdimensionierte Schlegelflasche mit einem Fassungsvermögen von bis zu sechs Litern.

Für viele Weinsammler geht es bei der Sammelleidenschaft einzig um die perfekte Reife der edlen Tropfen. Denn: Je kleiner die Flasche, desto schneller altert der Wein. Und umgekehrt. Grund genug, sich auf Großflaschen zu spezialisieren. Die unterschiedliche Entwicklung eines Weines in den verschiedenen Flaschengrößen lässt sich vor allem bei Bordeaux und Burgundern nachvollziehen: Etliche Weingüter haben dort schon immer herausragende Jahrgänge in Bouteillen zwischen 0,5 und 18 Litern abgefüllt.

Die biblisch orientierte Namensgebung für solche Sonderformate ist allerdings verwirrend und irreführend: In den verschiedenen französischen Anbaugebieten gibt es für die gleiche Flaschengröße unterschiedliche Bezeichnungen.

BURGUND

Demi bouteille	0,375 Liter
Bouteille	0,75 Liter
Magnum	1,5 Liter
Jéroboam	3 Liter
Réhoboam	4,5 Liter
Méthusalem	6 Liter
Salmanazar	9 Liter
Balthazar	12 Liter
Nabuchodonosar	15 Liter

BORDEAUX

Demi bouteille	0,375 Liter
Bouteille	0,75 Liter
Magnum	1,5 Liter
Doppelmagnum	3 Liter
Jéroboam	4,5 bzw. 5 Liter
Impériale	6 Liter
Salmanazar	9 Liter
Balthazar	12 Liter
Nabuchodonosar	15 Liter
Melchior	18 Liter

CHAMPAGNE

Quart	0,187 Liter
Demi bouteille	0,375 Liter
Demi-litre (außerhalb der EU)	0,5 Liter
Bouteille	0,75 Liter
Magnum	1,5 Liter

Jéroboam	3 Liter
Méthusalem	6 Liter
Salmanazar	9 Liter
Balthazar	12 Liter
Nabuchodonosar	15 Liter

EIN STREIFZUG DURCH DIE KLASSIFIZIERUNGEN DER WEINWELT

Ob ein Wein schmeckt oder nicht, kann Geschmackssache bleiben. Dennoch braucht die Weinwelt mehr oder weniger verlässliche Konstanten, um eine gewisse Qualität in Anbau und Ausbau der Weine zu garantieren und diese für jeden transparent und nachvollziehbar zu machen. Das geschieht in aller Regel über Klassifikationen, die Mindestansprüche an die Traubenqualitäten stellen und bestimmte Produktionsverfahren bis hin zur Lagerzeit vorschreiben. Auch der Boden, auf dem die Trauben wachsen, die Lage oder Parzelle, kann sicherer Anhaltspunkt für Qualität sein, existieren teilweise über Jahrhunderte hinweg Beweise für die Einzigartigkeit oder Leistungsfähigkeit des Terroirs.

Umstritten sind diese Maßnahmen der Klassifikation allemal, dennoch helfen sie Verbrauchern wie Winzern, einen ersten Anhaltspunkt in Sachen Qualität und eine garantierte Verlässlichkeit über die Produktion eines Spitzenproduktes zu bekommen. Klassifizierungen erhalten aber auch die handwerkliche Kunst des Winzers, denn in der maschinell ausgerichteten Massenproduktion ist keine konstante Spitzenqualität zu erzeugen. Die bekanntesten Klassifikations-Modelle, die für viele andere Länder als Vorbild dienten, kommen aus Frankreich, das bekannteste aus dem Bordelais.

KLASSIFIZIERUNG IM BORDELAIS

Zum Erstellen von ersten Ranglisten der Weingüter im Bordelais kam es schon Anfang des 18. Jahrhunderts. Die wichtigste Bordeaux-Klassifizierung wurde vor über 100 Jahren veröffentlicht und nur ein einziges Mal, 1973, angepasst. Daher besitzen einige Bordeaux-Rangierungen heute nur noch beschränkte Gültigkeit, wiederum tragen einige der besten und teuersten Weine keine offiziellen Klassifizierungen.

Anlässlich der Weltausstellung im Jahre 1855 wurden insgesamt 59 Weine des Haut-Médoc und Haut-Brion aus den Graves sowie 21 Güter aus Sauternes offiziell in den Rang von Crus Classés erhoben. Die Abstufung erfolgte dabei in fünf Schritten: vom Premier zum Cinquième Cru Classé. Bei dieser Klassifizierung wurden ausschließlich Güter berücksichtigt, die seit längerer Zeit anerkanntermaßen große Weine produzierten und die höchsten Durchschnittspreise erzielten. Bis heute versteht sich ein Cru Classé als

ein historisches Weingut und liegt entsprechend hoch im Kurs. Erst 1932 wurde die Klassifizierung der Crus Bourgeois veröffentlicht, die heute rund 400, meist kleinere Güter im Médoc umfasst. Seit rund 50 Jahren kennen auch die Appellationen Saint-Emilion (wird alle zehn Jahre angepasst) und die Graves eine offizielle Rangliste. Fronsac, Pomerol und die übrigen Gebiete des Bordelais kennen keine offiziellen Klassifizierungen.

Die Klassifizierungen im Médoc:

Premiers Grands Crus Classés
Deuxième Grands Crus Classés
Troisième Grands Crus Classés
Quatrième Grands Crus Classés
Cinquième Grands Crus Classés
Crus Bourgeois
Cru Artisans
AOC Médoc

Crus Bourgeois

Médoc, das Land in der Mitte, verdankt seinen Namen der geografischen Lage. Das Anbaugebiet mit so berühmten Appellationen wie Margaux, Saint-Julien und Pauillac liegt auf dem 45. Breitengrad zwischen Atlantik und der Flussmündung der Gironde im Südwesten Frankreichs. Wie alle französischen Weinbaugebiete, so sind auch die Weinberge des Médoc in verschiedene Qualitätsstufen eingeteilt. Die Médoc-Klassifizierung besteht aus 60 Crus Classés (seit 1855), rund 400 Crus Bourgeois, 300 Crus Artisans, anderen

Crus und schließlich Genossenschaftsweinen. Der Begriff »Crus Bourgeois« stammt aus dem Mittelalter und wurde 1932 als offizielle Bezeichnung für Weine eingeführt. Über die Einhaltung bestimmter Regeln und Produktionsvorschriften wacht der Verband »Crus Bourgeois du Médoc«. So dürfen für einen Crus Bourgeois nur Weine aus einer der acht Appellationen des Médoc verwendet werden, das Weingut muss mindestens sieben Hektar Anbaufläche besitzen und die Weine müssen im eigenen Keller ausgebaut werden.

Mittlerweile machen die Crus Bourgeois fast die Hälfte der Weinproduktion im Médoc aus – das sind rund 7500 Hektar Rebfläche und fast 55 Millionen Flaschen. Heute sind in der Kategorie Crus Bourgeois besonders gute und relativ preiswerte Bordeaux-Weine zu finden. In der Regel werden Crus Bourgeois aus der Cabernet-Sauvignon-Traube gekeltert, sie können jedoch auch einen hohen Anteil an Merlot – meist ergänzt mit Cabernet Franc – enthalten. Erfahrungsgemäß sind die Weine im Alter von vier bis acht Jahren trinkreif.

Derzeit arbeitet die Industrie- und Handelskammer Bordeaux an einer neuen offiziellen Klassifizierung. Danach werden die Weine in die drei Kategorien Crus Bourgeois Exceptionnels, Crus Bourgeois Supérieurs und Crus Bourgeois eingeteilt. Diese neue Klassifizierung steht allen Gewächsen des Médoc offen und wird alle zehn Jahre von einer unabhängigen Kommission überprüft und gegebenenfalls neu festgelegt.

Die Klassifizierungen in den Graves:

Premier Grand Cru Classé
Crus Classés Graves
AOC Graves

Die Klassifizierungen in Saint-Emilion:

Premiers Grands Crus Classés A
Premiers Grands Crus Classés B
Grand Crus Classés
Grand Crus
AOC St.-Emilion

KLASSIFIZIERUNG IM BURGUND

Die burgundische Qualitätspyramide und das entsprechende Bezeichnungssystem ist bis heute ein Wegweiser durch die Vielfalt der Weine. Gleich nach der Gründung des INAO (*Institut National des Appellations d'Origine*) im Jahre 1935 wurden im Burgund alle wichtigen Ursprungsbezeichnungen festgelegt. Berücksichtigt wurden dabei auch die seit Mitte des 19. Jahrhunderts etablierten regionalen Klassifikationen. Die burgundische Qualitäts-Hierarchie baut sich von regionalen über kommunale bis zu den Grand-Cru-Bezeichnungen auf. Die Statuten der kontrollierten Ursprungsbezeichnung AOC umfassen heute folgende Faktoren: die Rebsorten, die traditionellen Anbautechniken, der Mindest- und Höchstalkoholgehalt sowie die regionstypische Wein-Stilistik.

Die einfachste regionale AOC heißt Bourgogne. Alle Weiß- und Rotweine, die aus in Burgund gelesenen Trauben gekeltert wurden, haben ein Anrecht auf diese Bezeichnung. Die AOC Bourgogne kann durch Bezeichnungen ergänzt werden, die mit zusätzlichen Auflagen verbunden sind.

Beispiel: Bourgogne Aligoté muss sortenrein aus der Weißweintraube Aligoté gekeltert sein. Der Rotwein Bourgogne Passe-tout-grain darf aus maximal zwei Dritteln Gamay und minimal einem Drittel Pinot Noir gemeinsam gekeltert werden.

Andere Zusätze grenzen die regionale Herkunft ein. Mehr als 50 Prozent aller Weine im Burgund führen eine regionale AOC auf dem Etikett.

Die kommunalen AOCs (*Villages*) stehen für eine Typizität, die mit einer bestimmten Weinbaugemeinde verbunden ist. Wird zusätzlich der Name einer Einzellage genannt, muss der betreffende Wein aus dieser stammen.

Die AOC Grand Cru ist ausschließlich den 32 Lagen der Côte d'Or sowie sieben Lagen in Chablis vorbehalten. Für Grands Crus gelten strenge Ertragsobergrenzen pro Hektar. Ihr Anteil an der Gesamtmenge aller im Burgund produzierten Weine liegt bei knapp zwei Prozent.

Die Ersten Gewächse aus klassifizierten Lagen im Rheingau

Seit der Ernte des Jahrgangs 1999 gibt es im Rheingau erstmals Weine aus offiziell klassifizierten Lagen mit der Bezeichnung »Erstes Gewächs«.

Rund 1100 Hektar Weinbergfläche sind in der Gütekarte als klassifiziertes Terroir ausgewiesen – das entspricht gut einem Drittel der Gesamtrebfläche des Rheingaus. Die

Lagenkarte, die vom Deutschen Wetterdienst erstellt wurde, berücksichtigt dabei nicht nur die Qualitätskontinuität einer Weinbergslage, sondern auch die klimatischen Bedingungen und die Bodenverhältnisse im Weinberg. Weitere Kriterien sind strenge Selektion und der damit verbundene geringe Hektarertrag. Maximal 50 Hektoliter pro Hektar sind zulässig. Die Weinlese, selektiv und per Hand, ist zwingend vorgeschrieben.

Eine weitere Voraussetzung zur Erlangung der Auszeichnung Erstes Gewächs ist die sensorische Prüfung. Fachleute prüfen die Ersten Gewächse auf Herz und Nieren, beurteilen Farbe, Geruch und Geschmack. Welche Weine von welchem Winzer sie dabei im Glas haben, wissen sie natürlich nicht, denn es geht bei der sensorischen Prüfung streng nach den Regeln einer Blindverkostung. Ausschließlich die beiden Hauptrebsorten des Rheingaus, der Riesling und der Spätburgunder, dürfen als Erstes Gewächs vermarktet werden. Wahlweise gibt es trocken ausgebaute Weine und edelsüße Rieslinge und Spätburgunder. Damit die Weine auf den ersten Blick zu erkennen sind, tragen alle Ersten Gewächse die drei romanischen Bögen auf schwarzem Balken im Etikett. Die Ersten Gewächse dürfen erstmals ab dem 1. September des auf die Ernte folgenden Jahres angeboten werden.

Wein ist gesund

Wein ist gesund

Was macht den Wein für den menschlichen Organismus eigentlich gesundheitsförderlich? Es sind viele unterschiedliche und teilweise erstaunliche Faktoren, die in ihrem Zusammenspiel und ihrer Konstellation den Wein bei mäßigem Konsum zu einem echten gesundheitsförderlichen und gesundheitserhaltenden Getränk machen. Allerdings unterscheiden sich Rot- und Weißwein dabei nicht nur in der Farbe.

Was den Gesamtsäuregehalt betrifft, so weisen die durchschnittlichen Rotweine gegenüber den Weißweinen die niedrigeren Werte auf und sind für magenempfindliche Menschen deswegen bekömmlicher. An phenolischen Bestandteilen wie zum Beispiel Farbstoffen, Gerbstoffen und Phenolcarbonsäuren ist ein Rotwein reicher als der vergleichbare Weißwein.

Ein rotweintypisches Charakteristikum ist der Gehalt an Gerbstoffen (Tannin). Tanninreiche Rotweine bewirken eine langsamer einsetzende, jedoch über einen längeren Zeitraum andauernde Alkoholwirkung als Weißweine. Rotweine enthalten auch weniger Bukettstoffe. Dies führt zusammen mit den geringeren Säurewerten und der höheren Trinktemperatur zu einer besseren Magen-Darm-Verträglichkeit. Als

Beruhigungs- oder Schlaftrunk eignen sich Rotweine besser als Weißweine, die eine eher belebende Wirkung zeigen.

Vitamine und Spurenelemente kommen im Rotwein in der Regel in etwas höherer Dosis vor als in vergleichbaren Weißweinen. Die positiven Begleiterscheinungen eines moderaten Weingenusses wie Hebung des allgemeinen Wohlbefindens, Verdauungs- und Durchblutungsförderung und schützende Herz-Kreislauf-Effekte sind in mehreren internationalen Studien bewiesen worden. Eine Pilotstudie stellte schon 1996 fest, dass gerade der moderate Weißweinkonsum das Herz-Kreislauf-System schützt.

Die meisten Diabetiker dürfen Wein genießen: Erlaubt sind Weine bis zu 20 Gramm Gesamtzucker, davon 16 Gramm Fructose und bis zu 4 Gramm Glucose. Genaue Angaben sind auf dem Rückenetikett der Weinflasche angegeben.

Von deutschen Medizinern wird empfohlen, dass eine Frau in der Regel nicht mehr als 20 Gramm Alkohol pro Tag trinken sollte, ein Mann nicht mehr als 30 Gramm. Für die positive Gesundheitswirkung ist es allerdings wichtig, dass regelmäßig Wein getrunken wird und nicht in Intervallen größere Mengen.

ÖKO-WEINE

Engagierte Winzer haben schon vor Jahrzehnten damit angefangen, in Weinberg und Keller mit seit Generationen bewährten konventionellen Methoden zu arbeiten. Ökologie im Weinberg nimmt Rücksicht auf die Natur und lässt ihr ausreichend Zeit und Raum, um gesunde, stabile Reben hervorzubringen. Das alles ohne chemische oder gentechnische Hilfsmittel. Öko-Winzer verzichten ganz bewusst auf Kunstdünger und setzen ausschließlich organischen und mineralischen Kompost ein. Das schont den wertvollen Boden und das Wasser, das im Naturkreislauf irgendwann wieder aus dem heimischen Wasserhahn läuft.

Ökologisch arbeiten heißt also: Weinbau im Einklang mit der Natur, Verzicht auf Chemie und Gentechnik sowie Schutz der lebenswichtigen Ressourcen Wasser und Boden. Am Ende steht das Naturpro-

dukt Wein, das unbestechlich seine Wachstumsumstände authentisch ins Glas bringt. Bei allen naturgegebenen Hindernissen und Schwierigkeiten, mit denen der ökologische Weinbau untrennbar verbunden ist, haben eine Vielzahl von Öko-Winzern bis heute immer wieder bewiesen: Ökologisch produzierte Spitzengewächse sind möglich und bieten Genuss mit dem Bonus einer intakten Natur.

Weitere Informationen

Forum Wein & Gesundheit
Am Forsthaus 2
55758 Langweiler
forum-wein-und-gesundheit@t-online.de
www. weinundgesundheit.de

Champagner & Co.

Champagner & Co.

Wie kaum ein anderes Wein-Getränk steht der Champagner für festliche Anlässe und prickelnde Leidenschaft. Aber nur das, was aus der genau festgelegten Anbauregion kommt und nach festen Regeln produziert wurde, darf sich auch Champagner nennen. Die Anbauregion wurde 1927 exakt definiert und erstreckt sich von Charly, rund 50 Kilometer östlich von Paris, bis nach Reims, der Hauptstadt des Champagners. Nur eine einzige Appellation kennzeichnet die Champagne. Die besten Weinberge befinden sich an den Hängen der für diese Landschaft typischen Hügel. Hier dringen die Rebenwurzeln tief in den Kreideboden ein, der für den Wasserhaushalt der Reben die besten Voraussetzungen bietet.

Champagner ist ein Verschnitt, der aus den Rebsorten Pinot Noir, Pinot Meunier und Chardonnay hergestellt wird. Traditionell entsteht er aus Weinen verschiedener Lagen innerhalb der Appellation. Große Champagnerhäuser nutzen für ihre Produkte Weine aus bis zu 200 Gemeinden. Zwischen zehn und 50 Prozent werden ältere Jahrgänge, die in Edelstahltanks lagern, den neuen Grundweinen beigemischt (*Assemblage*). Nach der ersten Gärung werden die meisten Grundweine

Rund 80 Prozent aller Champagner kommen ohne Jahrgangsangaben auf den Markt und sind aus mehreren Jahrgängen komponiert. Dieses Verfahren nennt man Assemblage. Zur Champagnerherstellung dürfen aus 4000 Kilogramm Trauben nicht mehr als 550 Liter Most gepresst werden.

der malolaktischen Gärung unterzogen (Umwandlung von Apfelsäure in mildere Milchsäure). Am Ende steht der so genannte Vin Clair. Bevor dieser auf die Flasche kommt, wird ihm ein Gemisch aus Wein, Zucker und besonders hierfür entwickelten Hefen zugesetzt, die so genannte *Dosage* (24 Gramm Zucker pro Liter). Sobald die Flaschen mit Kronkorken verschlossen sind, beginnen die Hefen den Zucker zu vergären. Nach ein bis zwei Monaten ist die Gärung abgeschlossen. Nun bleibt der Wein zwischen neun Monaten und fünf Jahren auf der Hefe, die ihn frisch hält und ihm den typischen Hefegeschmack verleiht. Während dieser Lagerung, bei der die Flaschen jeden Tag ein wenig gedreht werden, damit sich die Hefe lockert, sinken die abgestorbenen Hefen in den Flaschenhals. Zum Degogieren wird die Hefe in einem Eisbad schockgefrostet, um beim Öffnen der Flasche unter dem Druck der Kohlensäure als ganzer Pfropfen aus der Flasche herauszuschießen. Bevor der reine Wein wieder verschlossen wird, wird das Füllniveau mit Wein, in dem Zuckersirup gelöst ist, wieder ausgeglichen.

Schaumweine

Bei der Herstellung von Schaumweinen unterscheiden wir drei Herstellungsverfahren:

1. Traditionelles Verfahren/Méthode champenoise

Beim traditionellen oder klassischen Verfahren erfolgt die zweite Gärung in der Flasche. Danach werden die einzelnen Flaschen per Hand oder Maschine gerüttelt, bis sich die Hefe als Depot im Flaschenhals absetzt. Dann wird die Hefe entfernt – degogiert –, ohne dass der Sekt die Flasche verlässt. Dieses Verfahren ist aufwändig und relativ teuer und wird entsprechend auf der Flasche vermerkt. Liegt der Sekt nach der zweiten Gärung noch einige Zeit auf der Hefe, ist dieses Verfahren an Qualitätsgarantie für das Endprodukt den anderen Produktionsverfahren überlegen.

2. Das Transvasier-Verfahren oder die Filtrationsenthefung

Bei dieser Methode wird das aufwändige und teure Degogier-Verfahren (Enthefung) gespart. Zwar wird auch bei diesem Verfahren der Wein zunächst in der Flasche vergoren, danach aber werden die Flaschen unter Gegendruck in einen Tank entleert und die Hefe des Schaumweines herausgefiltert. Der nunmehr fertige Sekt wird wieder in die Flaschen gefüllt. Auf dem Etikett ist der Hinweis »Flaschengärung« erlaubt.

3. Die Tankgärung

Hierbei gärt der Grundwein in großen Druckbehältern, was die Herstellung größerer und einheitlicher Partien ermöglicht. Erst nach dem Gärprozess und der Enthefung durch Filtration wird der Sekt auf Flaschen gefüllt. Das Verfahren ist kostengünstig und wird vor allem bei der industriellen Produktion von Sekten und Schaumweinen eingesetzt.

Crémant

Der Begriff Crémant gilt für alle außerhalb der Champagne produzierten französischen Schaumweine, nachdem die Benutzung des Begriffs *Méthode champenoise* durch die EU verboten wurde. Für den Crémant sind keine bestimmten Rebsorten vorgeschrieben, allerdings gibt es festgelegte Produktionsbestimmungen, die in allen Regionen gelten: Crémant darf nur mittels einer Ganztraubenpressung hergestellt werden, die maximale Ausbeute aus 150 Kilogramm Trauben darf 100 Liter nicht überschreiten. Hinzu kommt ein vorgeschriebener Zuckergehalt unter 50 Gramm pro Liter sowie

die Einhaltung zusätzlicher nationaler Regeln, denn die Bezeichnung Crémant ist auch in Deutschland zugelassen.

Die wichtigsten französischen Herkunftsgebiete für Crémant sind in der Reihenfolge des Produktionsvolumens: Crémant d'Alsace, Crémant de Die, Crémant de Bourgogne, Crémant de Loire, Crémant de Limoux und Crémant de Bordeaux.

SEKT

Die Herkunft des in deutschsprachigen Ländern benutzten Ausdrucks Sekt für Schaumwein ist nicht genau belegt, aber seit 1900 hat sich der Begriff in ganz Deutschland durchgesetzt. Als deutscher Sekt dürfen nur solche Erzeugnisse auf den Markt kommen, die zu 100 Prozent aus deutschen Grundweinen stammen. Es gelten die gleichen Verschnittregelungen wie beim Wein. Übergebietliche Verschnitte sind hierbei erlaubt, so dass ein deutscher Sekt, wenn er keine Gebietsbezeichnung trägt, aus Rebsortenweinen mehrerer Anbaugebiete stammen darf. Die Bezeichnung »Sekt b. A.« oder »Qualitätsschaumwein b. A.« muss auf dem Eti-

Perlwein ist ein Wein mit einem Kohlensäuredruck von 1 bis 2,5 bar. Der Kohlensäuredruck entsteht bei der Gärung oder wird durch Zusatz von bei der Weinbereitung entstandener Gärungskohlensäure erreicht.

kett zusätzlich den Namen des Anbaugebietes tragen, in dem die zur Herstellung verwendeten Trauben geerntet worden sind.

Qualitätsmerkmal für den Sekt ist in erster Linie der Grundwein. Die eigentliche Sektherstellung erfolgt durch eine zweite Gärung, die durch den Zusatz einer geringen Menge Zucker und Hefe in Gang gebracht wird. Die dabei entstehende Kohlensäure bleibt erhalten und wird zum entscheidenden Produktmerkmal des schäumenden Weines.

Der Anteil deutscher Sekte liegt bei rund 10 Prozent der Gesamtproduktion. Vor allem deutsche Winzersekte genießen dabei als sehr individuelle Erzeugnisse einen guten Ruf. Es handelt sich dabei in der Regel um hochwertige Rebsortensekte, die handwerklich in kleinen Partien aus eigenen Trauben hergestellt werden. Winzersekte dürfen nur nach dem traditionellen Flaschengärverfahren produziert werden und müssen Jahrgang, Rebsorte und Erzeuger im Etikett ausweisen.

SPUMANTE

Durch den Prosecco-Boom in den 90er-Jahren hat italienischer Schaumwein besonders an Popularität gewonnen. In über 30 DOC-Bereichen ist die Produktion von Schaumwein in den Bestimmungen vorgesehen; die wichtigste Rebsorte ist dabei der Pinot in all seinen Spielarten. Am bekanntesten sind jedoch die Moscato-Traube, aus der die aromatischen Asti-Weine gekeltert werden, und die Traubensorte Prosecco, das Ausgangsmaterial für den legendären Mode-Schaumwein. Die besten italienischen Schaumwein-Produkte kommen aus den Anbaugebieten Piemont, Lombardei, Venetien und Südtirol. Ein Großteil der italienischen Schaumweine wird im Tankgärverfahren hergestellt. Durchlaufen die Spumanti das traditionelle Flaschengärverfahren, kommen sie als *metodo classico* auf den Markt. Die leichten und fruchtigen Spumanti sind für den schnellen Konsum gemacht.

CAVA

Die Bezeichnung Cava wurde erst 1970 von den Spaniern festgelegt und hat ihren Ursprung in Katalonien. Noch heute entstehen dort rund 90 Prozent aller Cavas, zum Großteil in San Sadurni de Noya und Umgebung. Der typische Cava ist ein Verschnitt aus der relativ neutralen Macabeo- und der ertragreichen einheimischen Xarel-lo-Traube. Vor allem ihr erdiges Aroma bildet eines der Wesensmerkmale des klassischen Cava. Dieser muss mindestens neun Monate auf der Hefe liegen, mindestens vier Atmosphärendruck erreichen und einen Alkoholgehalt von 10,8 bis 12,8 Volumenprozent aufweisen. Die Erträge sind auf 100 Liter pro 150 Kilogramm Trauben festgelegt. Die spanische Variante des Schaumweines wird in den meisten Fällen nach der klassischen Champagnermethode hergestellt, denn nur dann kann er für die DO qualifiziert werden.

Klassifizierung

Extra Brut / Very Dry:
0 bis 6 Gramm Zucker pro Liter
Brut / Dry:
unter 15 Gramm Zucker pro Liter
Extra Trocken / Extra Dry:
12 bis 20 Gramm Zucker pro Liter
Trocken / Dry / Secco / Asciutto:
17 bis 35 Gramm Zucker pro Liter
Halbtrocken / Demi-Sec / Abboccato:
33 bis 50 Gramm Zucker pro Liter
Mild / Doux / Dolce:
50 Gramm Zucker pro Liter und mehr

Modeweine & Klassiker

Modeweine & Klassiker

Nichts ist beständiger als der Wandel, wenngleich sich dieser in Sachen Trinken etwas langsamer vollzieht als in anderen Bereichen. Im Laufe der Jahrhunderte haben sich Klassiker etabliert, an deren exponierter Marktstellung auch die schnelllebige Euphorie und ein mittlerweile globales Modeverhalten nichts mehr ändern können. Auffällig ist dabei, dass diese kulinarischen Klassiker mit Kultcharakter fast sämtlich aus Frankreich kommen: Champagner, Bordeaux- und Burgundweine. Erst nach dem Zweiten Weltkrieg haben auch andere Länder – aufgrund verbesserter Logistik und gezielter Marktstrategien – Trends gesetzt und Trinkverhalten maßgeblich beeinflusst.

In Sachen Wein waren die Deutschen lange Zeit auf heimische Produkte festgelegt. Lediglich die Geschmacksrichtungen der Weine waren dem Wandel unterworfen. Knochentrocken durchgegorene Gewächse wurden in den 1970er-Jahren von der Süßwelle abgelöst, bis sich Mitte der 1980er-Jahre die trockenen Gewächse das verlorene Terrain zurückeroberten. Mit dem langsamen Verschwinden der gutbürgerlichen Küche, ein Eckpfeiler des deutschen Weinabsatzes, und dem Aufkommen einer neuen deutschen Spitzengastronomie kamen immer mehr ausländische Produkte auf den deutschen Markt. Ein wahrer Weinboom in der Neuen Welt und eine problemlose Logistik brachten neue Weintypen, Rebsorten und Ausbaumethoden nach Deutschland. Die

Reiselust der Deutschen rund um die Welt spiegelte sich immer deutlicher und umfassender im Angebot der Weinregale. Kein anderes Land verfügt heute über ein so umfangreiches Weinsortiment aus der ganzen Welt wie Deutschland.

Weine machen Karriere

Karrieren, zumal wenn international, haben ihren Preis. Das ist in der globalen Weinwelt nicht anders als in wirtschaftbestimmenden Multikonzernen. Wenngleich der Wein in vielen Ländern als einfaches Genussmittel und Speisenbegleiter dient, so haben es doch immer wieder einzelne Gewächse geschafft, aus dem Schatten eines profanen, wenn auch geschmackvollen Getränkes herauszutreten.

Bestes Beispiel sind die Bordeaux-Weine, die ihren kometenhaften Aufstieg an die Weltspitze den Engländern zu verdanken haben. Die Briten waren die ersten, die im großen Stil Bordeaux-Weine importierten und damit den Weltruf des Bordelais als Weinbauregion begründet haben.

Ähnlich ging es dem Portwein und dem Sherry. Auch der Champagner, immer noch Inbegriff des schäumenden Trinkluxus, hatte seine erste Fangemeinde auf der Insel. Bis heute sind die Engländer, natürlich neben den Franzosen, die größten Champagner-Trinker. Gewächse aus deutschen Anbaugebieten nehmen sich daneben fast bescheiden aus.

Eine kurze Blütephase erlebten Rheingauer Rieslinge Mitte des 19. Jahrhunderts. Für diese Weine zahlten Könige und Fürsten den dreifachen Preis wie für Château Latour oder Margaux. Der Erste Weltkrieg beendete jäh den Höhenflug deutscher Weine. Erst langsam kommen Rieslinge weltweit wieder in Mode, nicht zuletzt deshalb, weil die relativ leicht bekömmlichen und alkoholschwachen Weine die idealen Partner der leichten Küche sind.

Italienische Weine, vor allem Brunello di Montalcino und Chianti, haben den gleichen Kultstatus wie die legendären Barbaresco- und Barolo-Weine aus dem Piemont, der sich natürlich auch im Preis niederschlägt.

Seit Mitte der 1980er-Jahre haben auch Weine aus der Neuen Welt die vinologische Karriereleiter erklommen. Der italienisch-amerikanische Weinbaupionier Robert Mondavi kreierte mit seinem Cabernet Sauvignon »Opus One« – eine Gemeinschaftsproduktion mit dem Hause Rothschild – einen raren Kultwein aus dem Napa Valley.

Der Chardonnay dagegen hat in den letzten Jahren viel von seinem Image als edler Weißwein aus dem Burgund eingebüßt. Auf der ganzen Welt wurde die Rebsorte mit mehr oder weniger Erfolg angebaut. Vor allem die Neue Welt setzte auf Masse statt Klasse und ließ den Chardonnay mit kräftigen Holznoten aus dem Barrique-Fass zu Schleuderpreisen auf den Markt kommen.

APERITIF- UND DESSERTWEINE

Wie kein anderes Getränk, so ist der Wein heute wie zu allen Zeiten ein Multitalent und in den verschiedensten Spiel- und Geschmacksarten ausbaufähig. Während der einfache Wein in den meisten Anbauregionen zum täglichen Nahrungsbedarf gehört, schafften es Spitzenweine nur in die Gläser einer gewissen Gesellschaftsschicht. Neben dem vielfältigen Grundprodukt existieren auch besondere Spezialitäten, die entweder aus dem Wein direkt oder aus seiner Frucht gewonnen werden. Einige von ihnen sind alkoholreicher als normale Weine, einige sind extrem süß, andere wiederum sind fast unendlich lange haltbar. Unter der Überschrift Aperitif- und Dessertwein gehören sie zweifelsohne zu den Klassikern einer weltweit aktiven Weinwelt.

SÜSSWEIN

Ist von großen edelsüßen Weinen die Rede, dann kommt man an Sauternes nicht vorbei. Der Dessertwein gilt mit seinen intensiven, konzentrierten Aromen und einer stabilen Säure als Klassiker in der Welt der Edelsüßen. Zudem können Sauternes-Weine gut 60 Jahre und älter werden, ohne ihre konzentrierte Frucht zu verlieren. Bedingt durch die Edelfäule, die durch den Pilz *Botrytis cinerea* entsteht, werden Saft und Zucker bei einer gleichzeitigen Verdunstung des Wassers in den Traubenbeeren

> Die Region Sauternes umfasst fünf Gemeinden im südlichsten Teil von Graves. Die drei zugelassenen Traubensorten sind Sémillion, Sauvignon Blanc und Muscadelle.

konzentriert. Je länger die Trauben hängen, um so intensiver schrumpft die Beere, bis sie am Ende quasi nur noch als Rosine vorhanden ist. So entsteht eine Aromen-Komplexität, die in der Region Sauternes in Graves (Bordeaux) zu edlen Weinen verarbeitet wird. Sauternes ist gleichzeitig ein sehr arbeitsintensiver Wein, denn die Trauben müssen von Hand gepflückt und in mehreren Durchgängen selektiert werden. Entsprechend gering ist der Ertrag, was sich wiederum auf die Preise auswirkt. Der berühmteste Sauternes-Wein kommt aus dem Weingut Château d'Yquem und ist der einzige Sauternes, der im Jahre 1855 zu den Ersten Gewächsen klassifiziert wurde.

Etwas weiter südlich, auf den zum Mittelmeer steil abfallenden Rebhängen des Roussillons, wächst ein Süßwein, der sich grundlegend von den Weinen aus Sauternes unterscheidet. In Banyuls-sur-Mer, Cerbère, Collioure und Port-Vendres wird der berühmte, gespritete Vin Doux produziert. Die Weine – ein Verschnitt aus Grenache, Syrah und Carignan – ähneln in ihrer rotbraunen Farbe und ihrem intensiven Duft dem Portwein und werden bereits auf der Traubenmaische gespritet. Die Grand-Cru-Version muss zumindest zu 75 Prozent aus Grenache-Trauben bestehen und wird 30 Monate im Holzfass gelagert.

Auch in Deutschland und Österreich kennt man seit Jahrhunderten edelsüße Weine und schätzt deren intensive Aromen. Es ist vor allem der Riesling, der wie keine andere Traubensorte in den verschiedensten edelsüßen Qualitätsstufen seinen Finessenreichtum zeigt und mit einer ausreichenden Säure auch der Süße eine gewisse Eleganz verleiht: in Auslesen, Beerenauslesen, Trockenbeerenauslesen und Eisweinen. Die herrliche Süße wird dabei von einem einzigartigen, finessenreichen Spiel der Aromen begleitet, die markante Rieslingsäure macht den Balanceakt perfekt und sorgt für die Harmonie des Gesamtkunstwerks und - was vor allem für die vielen Wein-Sammler wichtig ist - für eine erstaunlich lange Haltbarkeit.

Eiswein

Eiswein gilt als Spezialität, die nur in kleinen Mengen und nicht jedes Jahr erzeugt werden kann. Es geht um Trauben, die länger als sonst üblich am Rebstock hängen bleiben und der erbarmungslosen Witterung des herannahenden Winters ausgesetzt werden. Bis Januar, in seltenen Fällen auch bis

Februar kann das Spiel Winzer gegen Natur dauern. Der Mut zum Risiko lohnt sich: Der Wein, der aus der Kälte kommt, gilt als edles Tröpfchen.

Bis 1982 konnte dem Begriff Eiswein allein keine Qualität zugeordnet werden. Zusätzlich zu der Bezeichnung Eiswein wurden die entsprechenden Prädikatsbezeichnungen von Spätlese bis Trockenbeerenauslese angehängt. Erst mit einer Novellierung des Weingesetzes wurde die Kategorie Eiswein endgültig zu einer eigenständigen Prädikatsstufe erhoben und ein Mindestmostgewicht festgelegt, das dem einer Beerenauslese entsprechen muss.

Im Unterschied zu den anderen edelsüßen Weinen wie Auslesen, Beerenauslesen und Trockenbeerenauslesen liegt das Geheimnis der Eisweine in der dichten Konzentration der Beeren-Inhaltsstoffe und einem unter Umständen relativ hohen Säuregrad. Ein Phänomen, das durch das Gefrieren der Beeren erreicht wird. Mindestens –7 °C braucht es, bevor die Trauben als Eiswein gelesen werden dürfen, idealerweise sind es –10 bis –12 °C. Die natürlich gefrorenen Trauben werden anschließend sofort gekeltert.

So wird das Wasser gebunden und nur der hochkonzentrierte Traubensaft läuft in die kleinen Bottiche, denn viel ist aus den Trauben nicht mehr herauszupressen. Qualität vor Quantität. Passionierte Eiswein-Winzer achten peinlich genau auf ein gesundes Lesegut. Die Trauben sollten noch nicht von dem für die Edelfäule – erwünscht bei Auslesequalitäten – verantwortlichen Schimmelpilz *Botrytis cinerea* befallen sein. Ertragreduzierender Rebschnitt und eine strenge Selektion der Trauben vor der eigentlichen Lese gehören dabei zum Mindeststandard. Nur etwa zehn Prozent der ursprünglichen Ausgangsmenge ergeben im langjährigen Mittel auch den gewünschten Eiswein in der Flasche. Die restliche Traubenmenge wird selektiv herausgeschnitten oder fällt den unberechenbaren Witterungsumständen zum Opfer.

Portwein

Seinen Namen verdankt der Portwein der zweitgrößten Stadt Portugals, von wo aus er seit über 300 Jahren von englischen Handelshäusern verschifft wird: Porto. Portwein, ein durch Zusetzen (Aufspriten) von Brandy zum gärenden Traubenmost bereiteter süßer, alkoholstarker Wein, gibt es in zwei Hauptkategorien: als fassgereifter oder als flaschengereifter Wein aus roten oder weißen Trauben. Fassgereifter Portwein wird in Holzfässern gelagert und ist nach Schönung, Filtration und Abfüllung in der Regel trinkreif. Für die Reifung in der Flasche wird der Port dagegen nur kurz im Fass ausgebaut und dann ohne Filtration in Flaschen gefüllt. Es kann durchaus bis zu 30 Jahren dauern, bis so ein Wein wirklich genussreif ist.

Über 80 verschiedene Rebsorten sind für die Portweinproduktion zugelassen, jedoch werden die meisten Portweine aus den roten Sorten Touriga Nacional, Tinta Barroca, Touriga Francesa, Tinta Cão und Tinta Roriz (in Spanien Tempranillo) hergestellt. Gouveio, Malvasia Fina und Viosinho gelten allgemein als die besten weißen Traubensorten für Portwein.

Ruby Port ist einer der einfachsten und preiswertesten Portstile, der nach zwei bis drei Jahren Alterung abgefüllt wird. Als Tawny Port wird Portwein bezeichnet, der länger im Fass gereift ist als Ruby und schon eine bernsteinbraune Färbung aufweist. Vintage Port, der teuerste Portwein, der nur aus den besten, vollreifen Trauben gewonnen wird, hat kaum ein Prozent Anteil am Gesamtumsatz. Für den Vintage werden Weine aus einem einzigen Jahrgang nach zwei bis drei Jahren Fassausbau miteinander verschnitten und abgefüllt. Jetzt erst beginnt der Port in dicken, dunklen Flaschen zu reifen. Nach 15 bis 30 Jahren sind diese Port trinkreif, sollten aber vorsichtig ausgeschenkt werden, da sich in der Regel im Laufe der Jahre ein Bodensatz entwickelt hat. Portweine werden meist als Aperitif getrunken, ältere Jahrgänge passen aber auch zu süßen Desserts.

Sherry

Die Bezeichnung Sherry – die anglisierte Form des Namens Jerez – steht für einen alkoholangereicherten Wein aus Jerez de la Frontera in Andalusien. Innerhalb der Region gibt es drei Zentren der Sherry-Bereitung: Jerez de la Frontera, Sanlúcar de Barrameda und Puerto de Santa Maria. Meist wird Sherry in zwei grundlegenden Geschmackstypen produziert: als heller, trockener Fino und als dunkler, trockener Oloroso. Alle anderen, auf Etiketten ausgewiesenen Sherry-Stile gehen auf diese beiden Kategorien zurück. Für die Produktion sind in Jerez nur drei Rebsorten zugelassen: Palomino (95 Prozent der Rebfläche), Pedro Ximénez und Muscat of Alexandria. Seit dem Reblausbefall sind in Jerez alle Reben auf resistente amerikanische Veredlungsunterlagen gepfropft.

Kleine Warenkunde

Schnaps: Etwas abwertender Begriff für hochprozentige Spirituosen, der unter den Brennern, in der Literatur und in den Verordnungen allerdings nicht verwendet wird.

Spirituose: Übergeordneter Begriff für Getränke, die überwiegend aus Äthylakohol und Wasser bestehen.

Destillat: Spirituose, die mit Hilfe der Destillation – Extraktion von Alkohol – gewonnen wird.

Brand: Spirituose, die durch Destillation einer vergorenen Maische aus Obst, Getreide oder Wurzeln gewonnen wird.

Geist: Spirituose, die aus Alkohol mit darin eingelegten, aromagebenden Beeren, Wurzeln oder Kräutern destilliert wird.

Likör: Spirituose, die durch Aromatisierung von Alkohol hergestellt wird. Alle Spirituosen, die einen Zuckergehalt von mehr als 100 Gramm pro Liter und einen Alkoholgehalt von mindestens 15 Volumenprozent enthalten, werden als Likör bezeichnet.

Je nach Stil wird Sherry mit Weingeist auf 15,5 bis 22 Prozent Alkohol aufgespritet. Die Entstehung von Flor, jener Hefe, die den Fino von anderen Sherry-Stilen unterscheidet, ist abhängig vom Grad dieses Aufspritens. Bei einem Alkoholgehalt von über 16 Prozent wird das Hefewachstum gehemmt. Weine, die sich als Fino entwickeln sollen, werden deswegen auf maximal 15,5 Prozent aufgespritet.

Der Sherry Oloroso verträgt dagegen eine Anreicherung auf bis zu 18 Prozent Alkohol. Einfachere Marken-Sherrys werden dazu etwas gesüßt.

Damit die Florhefe, die den Wein gegen Oxidation schützt und zugleich seinen Charakter verändert, nicht abstirbt, wird sie durch das so genannte Solera-System sechs Jahre und länger am Leben erhalten. Eine Sherry-Solera besteht jeweils aus mehreren Gruppen von Fässern, die nur zu fünf Sechsteln gefüllt sind. Ständig wird entsprechend junger Wein nachgefüllt, damit neue Nährstoffe für die Hefe zur Verfügung stehen. Das Solera-Prinzip dient damit aber auch dem allmählichen Verschneiden der Sherry-Stile. Abgefüllt wird stets aus der Gruppe, die den ältesten Wein enthält. Die abgezogene Menge wird aus den Fässern der voraufgehenden Stufe aufgefüllt und so weiter. Sherry wird meist als Aperitif gereicht.

Grappa – Trester – Marc

Was der Tresterbrand in Deutschland, der Marc in Frankreich ist der Grappa in Italien: Eine Spirituose, die durch direkte Destillation der Schalen ausgepresster Weintrauben (Trester) gewonnen wird.

Die Brenner unterscheiden drei Haupttypen: den naturreinen, den halbvergorenen und den vergorenen Trester. Der naturreine, unvergorene Trester fällt hauptsächlich bei der Weißweinerzeugung an und muss vor dem Brennen fermentieren. Halbvergorene Trester stammen in der Regel aus der Produktion von Rosato, dem italienischen Rosé.

> **Der Name Grappa für einen in Italien destillierten Tresterbrand ist von der EU anerkannt und gesetzlich geschützt. Der Mindestalkoholgehalt beträgt 37,5 Volumenprozent.**

In den meisten Fällen werden für die Grappa-Destillation allerdings vergorene Trester verarbeitet, entstanden aus Rotweintrauben, deren Most bis zum völligen Abschluss der Fermentation auf der Maische belassen wurde. Diese Trester haben sich durch den langen Mostkontakt mit aromatischen Hefen angereichert und können sofort destilliert werden.

Die italienischen Grappa-Zentren liegen in Friaul, Venetien und Piemont. Die Qualität der Böden, der Rebsorte und das Mikroklima im Weinberg beeinflussen nicht nur den Wein, sondern auch die Grappas, die es entsprechend in verschiedenen Varianten gibt. Zu den interessantesten zählen die Grappas, die aus einer einzigen Rebsorte hergestellt wurden.

COGNAC

Lange Zeit galt der Cognac als ein Sinnbild französischer Trink- und Tischkultur. In den letzten Jahren ist der Klassiker allerdings etwas aus der Mode gekommen. Cognac ist das Resultat einer Destillation von naturreinen Weißweinen, die innerhalb der abgegrenzten französischen Region Cognac mit den Départements Charente und Charente-Maritime geerntet werden. Seinen Namen verdankt Cognac der gleichnamigen Hauptstadt der Region. Die Regeln, nach denen Cognac produziert wird, sind traditionell streng. So darf der Cognac nur nach der Charentaiser Methode gebrannt wer-

den, die einen doppelten Brenngang - Rohbrand und Feinbrand - vorsieht. Nach dem Brennen werden die Destillate in Eichenholz-Fässern gelagert; je nach Dauer der Fasslagerung richtet sich auch die Qualitätsstufe. Destilliert werden darf nur von Anfang der Weinlese bis zum 31. März des darauffolgenden Jahres. Während der Lagerung verdunsten aus den Fässern jährlich durchschnittlich vier Prozent des Alkohols (das entspricht rund 23 Millionen Flaschen und damit der doppelten Menge, die nach Deutschland exportiert wird). Diese Verdunstung nennt man *la part des anges* – der Anteil der Engel.

Für alle Brände, die im Laufe einer Destillierperiode produziert werden, beginnt das erste Jahr ihres Fasslagers am 1. April. Das Alter des Cognacs richtet sich demnach ausschließlich nach den Reifejahren im Fass. In der Flasche entwickelt sich der Cognac nicht weiter. Das Alter des Cognacs wird vom BNIC (*Bureau National Interprofessionnel du Cognac*) nur bis zum Ende des sechsten Jahres kontrolliert.

Weinbrand oder Cognac?

Weinbrand gehört zu den ältesten alkoholischen Destillaten in Europa. Seine Spur führt bis ins 12. Jahrhundert, als eine Destillation aus Wein erstmals urkundlich festgehalten wurde. Bis nach dem Ende des Ersten Weltkrieges wurde in den deutschsprachigen Ländern Weinbrand noch als Cognac bezeichnet. Erst im Versailler Vertrag wurde diese Kennzeichnung verboten und ausschließlich für französische Produkte aus der gleichnamigen Region reserviert. Ab diesem Zeitpunkt erlangte der Begriff »Weinbrand« wieder Marktbedeutung. Heute produzieren fast alle Weinbauländer der Welt Weinbrände der verschiedensten Art, die auch als Brandy bezeichnet werden. In Frankreich werden Weinbrände in der Regel als Fine bezeichnet, sofern sie nicht aus Cognac oder Armagnac stammen.

Kleine Cognac-Kunde

- **Fine Champagne:** Verschnitt von Grande Champagne-Destillaten mit Bränden aus Petite Champagne.
- **VS** (*Very Superior*) ***: Wenn das jüngste Destillat bis 4,5 Jahre alt ist, darf der Cognac als VS oder *** eingestuft werden.
- **VSOP** (*Very Superior Old Pale*): Das Alter des jüngsten Destillats liegt zwischen 4,5 und 6,5 Jahren.
- **XO, Napoléon, Extra, Hors d'Age:** Ist das jüngste Destillat über 6,5 Jahre alt, dann darf er Cognac diese Bezeichnungen tragen.

Alles ganz praktisch

DOMECQ
Alexander Fleming
June 10 '48
DOMECQ
5-I-55
DOMECQ
F. Jardiel Poncela
Febrero 1944
Wellington
Cuidad Rodrigo
9th November
1995

Alles ganz praktisch

EINKAUFEN – ABER WO?

Das ständig zunehmende Weinangebot wirft die Frage auf, wo man am besten seinen Wein kaufen sollte. Wein ist heute nicht nur in aller Munde, sondern es gibt ihn auch in allen Sparten der ausufernden Lebensmittelbranche zu kaufen – ob an der Tankstelle, im einfachen Gemüseladen gleich um die Ecke, im Supermarkt oder in der noblen Großstadt-Vinothek mit Verkostungsabteilung.

In Weinhäusern, Delikatessenläden und Weinfachgeschäften erhält man die beste Fachberatung. Oftmals arbeiten hier ehemalige Sommeliers, die sich hervorragend mit

Weinen auskennen. Hier liegen die Weine meist richtig temperiert und nach Qualitäten sortiert. Deshalb: Wein am besten beim Fachmann kaufen, damit Ihnen unliebsame Überraschungen und Geschmacksverirrungen erspart bleiben.

Wer sich zum Einkaufen ausschließlich in Supermärkten bewegt, kann aber in den meisten Einkaufsgiganten auch getrost ins Weinregal greifen. Nur fehlt es hier meist an fachkundiger Beratung. Am besten orientiert man sich an Jahrgang, Rebsorte und Erzeugerland. Probieren Sie einfach verschiedene Regionen, bis Sie Ihren Geschmack gefunden haben. Die rund 20 000 Weingüter und Winzergenossenschaften im deutschsprachigen Raum, die selbst in Flaschen abfüllen, verkaufen ihre Erzeugnisse zumeist auch direkt an den Endverbraucher.

Vergleichen Sie aber ruhig die Preise. Nicht immer ist in einer teuren Flasche auch ein gleichwertiger Inhalt. Lassen Sie sich nicht von der Aufmachung blenden – gute Weine sind oft in unscheinbaren Flaschen mit unscheinbaren Etiketten zu finden. Um sich ein wenig in der nationalen oder internationalen Weinwelt zurechtzufinden, hilft die Lektüre der einschlägigen Weinführer. Mit diesen Ratgebern kann man auch getrost einen Wochenendausflug in eine Weinregion planen.

Weineinkauf ist Vertrauenssache, aber einige Dinge sollte man dennoch beachten, wenn man sich auf die Suche nach einem edlen Tropfen macht: Egal ob Supermarkt oder Fachgeschäft, mittelmäßige oder Spitzengewächse: Weine sind empfindlich und verlangen nach einer sorgsamen Pflege.

Ein optimaler Lagerraum sollte dabei rund 12 °C an Temperatur und eine Luftfeuchtigkeit von mindestens 60 Pro-

zent aufweisen. Einige Weinkeller weisen sogar 100 Prozent Luftfeuchtigkeit auf, was allerdings die Etiketten zum Schimmeln bringt. Dem Wein tut das feuchte Klima jedenfalls gut, da die Luftfeuchtigkeit den Korken frisch und elastisch hält.

In trockenen Räumen, etwa in durch Lampen und Strahler überheizten Geschäftsräumen, kann der Korken schnell austrocknen, wird undicht und krümelig. Der Wein verdunstet schneller, eintretender Sauerstoff kann den Wein zur Oxydation bringen und ihn ungenießbar machen. Weine, die ihr Füllniveau unterhalb des Flaschenhalses haben, können problematisch sein und sind mit Vorsicht zu genießen.

Vorsicht auch bei staubigen Flaschen. Nicht immer verbirgt sich dahinter eine schmackhafte Rarität. Die kauft man am besten dort, wo man etwas von alten Weinen versteht. Einige Händler haben sich auf Raritäten spezialisiert, kennen die Handelsgeschichte und die Herkunft des Weines und stellen vielfach auch Expertisen aus. Ein ungewöhnlich niedriger Preis für einen alten Wein ist verdächtig. Echte Schätze sind nicht billig und haben ihren Preis, der sich nach der noch bestehenden Verfügbarkeit und dem Alter richtet. Schnäppchen sind auf diesem Markt in der Regel nicht zu machen.

Von Flaschen, die jahrelang in Regalen stehen, sollte man ebenfalls die Finger lassen. Stehend werden nur frische und junge Weine gelagert, die kurz nach der Füllung auf den Markt kommen und zum schnellen Trinkgenuss vorgesehen sind. Ältere Jahrgänge sollten im Handel auf jeden Fall liegend gelagert werden.

HIER LIEGT ER RICHTIG

Mehr als je zuvor werden heute Weine angeboten, die zum schnellen und sofortigen Konsum geeignet sind. Vom Supermarktregal in den Kühlschrank und einige Tage später auf den Tisch – kein Problem. Sie müssen also nicht einen aufwändigen Gewölbekeller aufrüsten lassen. Einfache Alltagsweine, deren Schwerpunkt auf einer geschmacklichen Frische liegt, überstehen ohne Probleme Tage und Wochen im Kühlschrank oder in relativ warmen Kellern.

Gute Alltagsweine – in der Regel aus der Preisgruppe um die fünf bis sieben Euro – halten sogar bis zu einem Jahr durch. Dann aber sollten sie getrunken werden, denn besser werden sie nicht mehr. In den höheren Preisklassen und Qualitätsstufen gilt das Gegenteil: Je besser der Wein, desto mehr lohnt eine lange Lagerung, um ihn zu seiner ganzen Reife kommen zu lassen. Nur fachgerecht sollte er liegen.

Da Wein ein lebendiges Produkt ist, reagiert er natürlich auf physische Einwirkungen. Für eine langjährige Lagerung sind gut belüftete Keller mit 70 bis 90 Prozent Luftfeuchtigkeit am besten geeignet. Der Keller sollte eine mehr oder weniger konstante Temperatur zwischen 10 und 16 °C über das Jahr hinweg haben. Je wärmer die Lagerstätte ist, desto rascher verliert der Wein an Frische, sein Reifungs- und Alterungsprozess vollzieht sich schneller gegenüber einem kühlen Lagerplatz. Wein sollte immer dunkel gelagert werden, denn Licht kann unliebsame vorzeitige Alterungserscheinungen auslösen.

Wichtig ist, dass die Flaschen liegend aufbewahrt werden, damit die Flüssigkeit den Korken benetzt und feucht hält. So bleibt der Flaschenmund verschlossen und das Eindringen von Luft, die den Wein zur schädlichen Oxydation bringen könnte, wird verhindert. Für eine Weinlagerung in der Wohnung oder im kleinen Kellerraum bieten sich Weinklimaschränke an, die – ähnlich einem Kühlschrank – die edlen Gewächse auf einer konstanten Temperatur halten. Erhältlich sind solche Geräte, die Platz für mehrere Kisten Wein bieten, im Fachhandel.

In Magnumflaschen altert der Wein etwas langsamer, in kleinen Flaschen wird der Wein schneller reif und verliert schneller an Substanz.

WOHL TEMPERIERT

Ob und wie ein Wein schmeckt, hängt ganz entscheidend von der richtigen Temperatur ab. Zu kalt servierte Weine können ihre Aromen nicht richtig entfalten, zeigen sich verschlossen und am Gaumen mehr oder weniger geschmacklos. Die sehr flüchtigen Bukettstoffe sind gerade noch erkennbar, aber Aroma und Extrakte können kaum mehr wahrgenommen werden. Dagegen wirken zu warm präsentierte Weine meist überladen und schwer – ihnen fehlt die Eleganz.

Das Temperieren der Weine sollte moderat erfolgen. Ein schnelles Hochkühlen ist ebenso wenig zu empfehlen wie ein plötzliches Erwärmen des Weines. Die ideale Temperatur ist in der Regel kaum exakt zu treffen – ein gesundes Mittelmaß spielt die entscheidende Rolle beim richtigen Temperieren. Natürlich gibt es hierbei einen gewissen Spielraum, den man nach eigenem Empfinden regulieren sollte. Auch die Jahreszeit, zu der ein Wein getrunken wird, spielt eine Rolle. An heißen Sommertagen schmeckt ein Weißwein auch mal ein paar Grad kühler, erfrischen junge Roséweine auch mit Eiswürfeltemperatur.

Für Perl- und Schaumweine empfiehlt sich eine Temperatur zwischen 8 und 10 °C, Weißweine einfacher und mittlerer Qualität sind zwischen 10 und 11 °C optimal temperiert. Einen edlen Weißwein trinkt man am besten zwischen 12 und 13 °C. Bei der Temperierung von Rotweinen ist immer wieder von der Zimmertemperatur die Rede. Gemeint war damit ursprünglich ein mit offenem Kamin beheiztes Zimmer, also eine Temperatur zwischen 15 und 18 °C. Junge, leichte Rotweine schmecken auch kühler serviert, bei einer Temperatur zwischen 10 und 13 °C.

Wer ganz sicher gehen will, kann zur Ermittlung der richtigen Temperatur ein Weinthermometer benutzen. Bedenken sollten Sie allerdings, dass der Wein sich am Tisch im Umfeld von warmen Speisen relativ schnell erwärmen kann. Ein mit Eiswürfeln gefüllter Sektkübel oder ein Weinkühler halten den Wein für längere Zeit auf der richtigen Temperatur.

Der richtige Durchblick

Wein sollte prinzipiell aus einem Glas getrunken werden. Für alle verschiedenen Glasformen und -typen gelten einige Grundregeln: Bunte Gläser gehören in die Vitrine, sind für eine Wein-Degustation aber ungeeignet. Ein Weinglas sollte grundsätzlich farblos-klar sein, um die Farbe des Weines voll zur Geltung zu bringen. Selbst ein Kristallschliff

kann die Beurteilung der Farbenbrillanz beeinträchtigen. Auf den Geschmack des Weines hat die Farbe des Glases allerdings keine tatsächliche Auswirkung.

Dagegen entscheidet die Glasform, wie der Wein auf die Zunge und deren Geschmackszonen trifft. Je größer der Glaskelch und je dünnwandiger das Glas, desto besser kommen Aromen und Geschmack zur Geltung. Und: Je weniger Wein im Glas ist, desto intensiver können sich die Aromen unter leichtem Schwenken des Glases entfalten.

Leichte Weißweine sind am besten in schmalen Gläsern mit relativ kleinem Volumen aufgehoben. Durch den verengten Kelch werden die zarten Düfte komprimiert an Nase, Zunge und Gaumen geführt. Körperreiche Weißweine und ältere Kreszenzen brauchen dagegen Platz im Glas und bevorzugen die bauchigeren, größeren Gläser.

Edelsüße Dessertweine begnügen sich durch ihre extreme Dichte und hohe Konzentration an Aromastoffen mit kleineren Kelchen. Durch die relativ schmale Öffnung wird der Wein direkt über die Zungenspitze geführt, damit die Geschmacksfülle der Süße besser wahrgenommen werden kann.

Für Roséweine sollte man mittelgroße Gläser benutzen, bei denen sich der Kelch nach oben etwas verjüngt. Schwere und ältere Rotweine kommen in einem Glas mit großem Durchmesser am besten zur Geltung, denn hier hat die Weinoberfläche viel Kontakt mit der Luft. Fülle und Komplexität können sich optimal entfalten. Die relativ große Glasöffnung führt den Wein an alle Geschmacksnerven im Mund und bringt damit Frucht und Säure ideal zur Geltung.

Bordeaux-Weine bevorzugen einen schlankeren und höher geschlossenen Kelch, damit sich die eleganten Aromen nicht in zu viel Luft auflösen. Der hohe Duftkamin führt die Aromen konzentriert zur Nase, und der Wein wird zunächst über die Zungenspitze probiert.

ENTKORKEN UND DEKANTIEREN

Am Korken sind schon viele genussversprechende Weine gescheitert. Denn die Tücke sitzt im Detail. Um einen festsitzenden Korken erfolgreich aus dem Flaschenhals zu bringen, gibt es die unterschiedlichsten Methoden: Ziehen, hebeln, drehen, mit Luftdruck oder dem automatischen Korkenbohrer. Die sicherste und einfachste Methode ist immer noch der gute alte Korkenzieher. Zu beachten ist lediglich, dass der Korkenzieher keinem Bohrer ähnelt, sondern vielmehr die Gestalt einer offenen Spirale hat, deren innere Windung groß genug ist, um ein Streichholz hindurchzustecken. Auch sollte der Korkenzieher unbedingt eine scharfe Spitze haben, die dem Lauf der Spirale folgt und

nicht zentriert ist. Nur dann kann der Korkenzieher sauber in den Korken eindringen und ihn so fest packen, dass er beim Herausziehen nicht zerbröselt. Gelangen doch mal Korkenbrösel in die Weinflasche, füllen Sie den Wein durch ein feines Sieb in eine Dekantierkaraffe. Das empfiehlt sich auch dann, wenn der Wein – häufig ältere Gewächse – Trubteilchen und Depot aufweist, die sich im Laufe der Jahre am Boden der Flasche angesammelt haben. Auch wenn Weinstein in der Flasche sichtbar wird, sollte man den Wein dekantieren, um den Trinkgenuss nicht zu stören.

Ob Weine aus Gründen einer besseren Luftzuführung dekantiert werden sollten, ist bis heute auch unter Fachleuten umstritten. Welche Auswirkungen der plötzliche Kontakt mit Sauerstoff für den Wein hat, hängt maßgeblich von seinem Alter und seiner Qualität ab. Junge, besonders tanninreiche Rotweine werden dekantiert, damit der Wein durchatmen kann und sich etwaige unangenehme Nebentöne verflüchtigen. Reifere und alte Weine – rot wie weiß – geben in der Regel erst nach dem Aufenthalt in einem Dekantiergefäß ihre ganzen Duftaromen preis – und zwar wesentlich konzentrierter als aus der Flasche. Wie lange welcher Wein offen stehen sollte, ist nicht eindeutig zu beantworten. Am sinnvollsten ist, man verkostet den Wein nach dem Dekantieren mehrfach, um die jetzt einsetzenden Entwicklungsstufen zu beobachten, die der Wein an der Luft durchläuft. Wenn er dann wirklich nach einigen Minuten umkippt, hat man wenigstens bis dahin etwas davon gehabt.

Eine angebrochene Flasche sollte innerhalb der nächsten drei Tage aufgebraucht werden. Weinflaschen – das gilt selbstverständlich auch für Champagner und Sekt –, die nicht restlos ausgetrunken werden, sollten nicht einfach offen herumstehen. Nicht nur, dass sich mit der Zeit die Aromen verflüchtigen, auch können Fremdgerüche den Wein unangenehm verändern oder sogar verderben. Für den Fall, dass die Flasche nicht mehr mit dem Originalkorken verschlossen werden kann, gibt es eine ganze Reihe von Verschlussalternativen. Die Verschlüsse stellen aber nur eine Übergangslösung dar und dienen nicht zur längeren Lagerung des Weines.

Probieren geht über Studieren

Kein anderes Lebensmittel bietet eine solche geschmackliche Vielfalt wie der Wein: eine fast unüberschaubare Sortenvielfalt, Weine aus aller Herren Länder und dazu jedes Jahr ein neuer Jahrgang. Entsprechend umfangreich ist das Weinangebot im Fach- und Lebensmittelhandel, in Getränkemärkten und direkt beim Erzeuger. Welcher Wein gut ist, bleibt am Ende Geschmackssache und hängt vom Anlass, von der

> Bei Degustationen wird das Glas zu einem Drittel mit Wein gefüllt, zum Essen dürfen es zwei Drittel sein.

Stimmung und natürlich von der Sensibilität der Sinne ab, die den Wein beurteilen.

Der Weg zu persönlichen Geschmacksvorlieben führt immer über das Probieren. Ob nun ein wohlgefüllter Weinkeller vorhanden ist oder der Wein stets direkt aus der Einkaufstasche auf den Tisch kommt – die Auswahl der Weine ist das A und O einer Weinprobe. Wer mit Weinen noch nicht sehr vertraut ist, der lässt sich am besten im Weinfachhandel beraten. Mittlerweile verfügt auch jedes größere Kaufhaus über eine kompetente Weinabteilung mit Gewächsen aus der ganzen Welt. Aber Vorsicht: Schnäppchenjagd ist eher etwas für Fortgeschrittene! Wein ist ein Genussmittel, bei dem man nicht nur auf den Preis schauen sollte. Dann lieber weniger, aber besser trinken.

Wer für eine Weinprobe systematisch ans Werk gehen möchte, der sollte die Proben nach verschiedenen Kriterien zusammenstellen: Zum Beispiel nach Anbaugebieten, unabhängig von Jahrgang und Rebsorte. Oder Sie wählen die gleiche Rebsorte aus verschiedenen Anbauländern, zum Beispiel eine Chardonnay-Reise durch die Alte und Neue Welt. Weine nach Jahrgängen zu probieren – möglichst eine Rebsorte – kann schnell ins Geld gehen. Einige Jahrgänge sind bereits vergriffen, und für Raritäten muss der Verbraucher oft tief in die Tasche greifen. Für diese Proben gilt generell: Mit dem jüngsten Jahrgang anfangen und absteigend probieren.

Dagegen wird in der Qualität aufsteigend probiert, vom einfachen Wein in die Spitze. Rotweine und Weißweine sollten nicht durcheinander getrunken werden.

Was macht eigentlich ein Sommelier?

Je mehr Weine aus aller Welt in einem Restaurant auf der Karte stehen, um so größer kann bei den Gästen die Verwirrung sein. In aller Regel sorgt hier der Sommelier für die kompetente Beratung, denn er ist ein Spezialist in Sachen Harmonie von Wein und Speisen. Außerdem ist der Sommelier für die Pflege des Weinkellers verantwortlich. Das heißt, er informiert sich in den einzelnen Weinregionen, kauft Weine ein, beobachtet ihren Reifungszustand und arbeit zusammen mit dem Küchenchef die Weinempfehlungen zu den einzelnen Gängen aus. Der Sommelier – ein Multitalent in Sachen Genuss?

Da der Begriff bis dato nicht gesetzlich geschützt ist, hat die inflationäre Verwendung der Bezeichnung Sommelier zu Verunsicherungen und einer teilweisen Entwertung des Berufsimages geführt.

Um die Berufsbezeichnung Sommelier klar und deutlich zu strukturieren und die Anforderungen des Berufes einheitlich und für die Öffentlichkeit transparent zu machen, hat die Deutsche Sommelier Union die geschützte Titelbezeichnung »Sommelier SU« eingeführt. Grundlage dafür ist eine solide Ausbildung, eine Mindestanforderung an Berufserfahrung und eine anspruchsvolle Prüfung, deren Bestehen zur Titelführung »Sommelier SU« berechtigt. Damit leistet der Interessenverband der Sommeliers einen wichtigen Beitrag dafür, dass der Sommelier – neben seiner wirtschaftlichen Bedeutung für den Gastronomiebetrieb – in der Zukunft auch für den Gast zum geschätzten, fairen und vor allem verlässlichen Beratungspartner in der immer größer werdenden Welt des Weines wird.

Harmonie von Wein & Speisen

Château
Vieux Rocs

Harmonie von Wein & Speisen

Genuss ist im wahrsten Sinne des Wortes in aller Munde, und das hat seinen guten Grund: In den vergangenen Jahren wurden Keller und Küche von jungen Winzern und Köchen revolutioniert und das Genießen über alle Regeln hinweg in den Vordergrund gestellt. Erlaubt ist, was gefällt und vor allem was schmeckt. Das ist das Credo einer neuen Lebensart, und ihr Erfolg geht einher mit einem kaum mehr überschaubaren Angebot an neuen Weinen.

Noch nie zuvor war das nationale und internationale Weinangebot so groß und umfangreich wie heute. Das bietet dem Verbraucher enorme Auswahlmöglichkeiten, eine nie gekannte geschmackliche Vielfalt und ganz neue Kombinationsmöglichkeiten. Die Welt in ihren Weinen neu erschmecken, eine neue Harmonie von Wein und Speisen entdecken und dabei den Genuss für die Sinne ganz in den Vordergrund stellen – das sind die Kriterien, die heute mehr denn je die Weinauswahl bestimmen. Qualität wird längst vorausgesetzt, es geht schon lange nicht mehr um die Masse, sondern um den ausgesuchten Tropfen, dessen Herkunft aus einem bestimmten Terroir genauso wichtig ist wie die Handschrift des Winzers. Das »Erlebnis Trinken« wird zelebriert. Im richtigen Umgang mit dem Genussmittel Wein zeigt sich Lebensart und Kultur.

Geschmack lässt sich also nicht vorschreiben, und jeder muss hier seine Favoriten und seine Vorlieben selbst entdecken. Deshalb: Probieren Sie einfach einmal neue Dinge aus, seien Sie mutig und experimentieren Sie mit Essen und Trinken. Am Ende werden Sie immer wieder Wein und Speisen finden, die zueinander passen. Mit ein wenig Erfahrung werden Sie schnell Ihre eigenen Genussschwellen erkennen und schon beim ersten Blick, beim ersten Biss und beim ersten Schluck Ihr Genussspektrum erweitern.

Welchen Wein trinkt man zum Essen?

Im Zusammenspiel von Essen und Trinken gibt man sich experimentierfreudig. Vorbei die Zeiten, in denen ausschließlich Weißwein zu weißem Fleisch gereicht wurde und der Wildbraten nur von einem Rotwein begleitet werden durfte. Nach dem Durchbruch einer neuen, kreativen Küche und dem anhaltenden Erfolg der asiatischen Kochkunst greift heute auch die Weinwelt in den gut sortierten Keller. Die junge Art zu kochen, die mit sehr aromatischen Gerichten und fantasievollen Kombinationen eine neue Genuss- und Geschmackswelt auch in Sternerestaurants hoffähig gemacht hat, lässt eine Vielzahl von unterschiedlichsten Weinen zu.

Wie unterschiedlich die Geschmäcker auch sein mögen, um einige Regeln kommt man nicht herum, will man eine ideale Kombination von Wein und Speise finden: Wichtig ist, dass Essen und Trinken in ihren primären Aromen einander ähneln. Erst wenn die Zutaten und die Zubereitungsart des Essens den Duft- und Aromastoffen des Weines entgegenkommen, hat man den passenden Tropfen gefunden. Wein und Speise sollten sich idealerweise ergänzen, ohne dass ein Teil den anderen dominiert oder gar geschmacklich zudeckt. In der harmonischen Ergänzung der Aromen von Wein und Speise liegt das Geheimnis des Genusses für die Sinne.

Rieslingweine haben in aller Regel eine ordentliche Säurestruktur und liegen im Säuregehalt deutlich über den anderern Rebsorten. Die Empfindung von Säure reizt besonders die Zungenränder, aber auch die inneren Schleimhäute der Wangen werden leicht erregt. Sie zieht das Zahnfleisch zusammen und lässt reichlich dünnflüssigen Speichel fließen. Da sich Säure im Geschmacksempfinden potenziert, passen die meisten säurebetonten Rieslinge zu keinen säuerlichen Speisen wie etwa Rheinischem Sauerbraten oder Gerichten mit einem deutlichen Zitronengeschmack. Dennoch kommt es bei der Säure weniger auf die Säuremenge im Wein, als vielmehr auf das Verhältnis von Säure und Süße an: Zucker und Säure müssen harmonisch ausgeglichen sein. Bei säuerlichen Speisen empfiehlt sich deshalb ein milderer Wein wie zum Beispiel eine Spätlese mit Restsüße. Weinsäure intensiviert auch Bitterstoffe und natürlich Gewürze. Je süßer der Wein ist, umso besser kann er die starken Bitteraromen und Gewürznoten parieren und für einen harmonischen Geschmack im Gaumen sorgen. Idealerweise bringt der Wein auch einen hohen Alkoholgehalt mit, der den süßen Geschmackseindruck unterstreicht.

FESTTAGSESSEN – FESTTAGSWEINE

Gänse, Enten und Puten gehören zu den beliebtesten Festbraten – klassisch serviert mit Rotkraut, Maronen, gebratenem Marzipanapfel und Kartoffelklößen. Ein Wein hat es zu dieser üppigen und kräftigen Aromenansammlung nicht leicht – schon gar nicht, wenn es ein Weißer sein soll.

Wer zum Federvieh unbedingt einen Weißwein trinken möchte, sollte einen sehr gehaltvollen und körperreichen Wein wählen. Gewürztraminer oder Tokay Pinot Gris aus dem Elsass, ein Chablis oder ein reifer Chardonnay aus Übersee haben die besten Chancen, dem meist fetten Gänsebraten Paroli zu bieten.

In der Regel empfiehlt sich aber ein vollmundiger, würziger Rotwein. Dabei kann es durchaus ein Spätburgunder aus Baden oder ein St. Laurent aus dem Burgenland sein. Wer seiner Festtagsgans den französischen Touch des *savoir vivre* geben möchte, liegt mit burgundischen Kreszenzen aus Vosne-Romanée, Vougeot oder Pommard genau richtig. Natürlich machen auch die Weine aus dem Bordelais eine gute Figur zur Gans, ebenso die italienischen Klassiker wie Barolo, Barbaresco, Chianti Classico Riserva und Vino da Tavola aus der Toskana. Pinotage aus Südafrika, Merlot aus Chile oder Kalifornien und Cabernet Sauvignon aus Australien zählen längst zu den etablierten Gans-Begleitern.

Während die Pute, wahlweise mit würzigem Hackfleisch oder Früchten gefüllt, als fettlosere Variante zum eigentlichen Gänsebraten auf den Teller wandert, macht sich die Ente quasi scheibchenweise an die Festtage heran. Die rosa gebratene Entenbrust mit der krossen Haut ist bis heute die beliebteste Zubereitungsmethode.

Dagegen hat sich der Karpfen in deutschen Festtags-Küchen niemals wirklich durchgesetzt. Überhaupt scheint Fisch an Festtagen eher die Ausnahme zu sein, was sicherlich maßgeblich an dem sehr überschaubaren Angebot liegt. Eigentlich unverständlich, denn das gesunde Nahrungsmittel aus Flüssen und Meeren lässt nicht nur in den Zubereitungsarten alle Möglichkeiten für den ambitionierten Hobbykoch offen, sondern kommt auch der seit Jahren propagierten leichten Küche entgegen.

Im kulinarischen Zusammenspiel Fisch und Wein gibt es ideale Kombinationen mit leichten Riesling-Weinen aus dem Rheingau oder eleganten Grau- und Weißburgundern aus den badischen Weinbergen am Kaiserstuhl. Junge, feinfruchtige Kabinett-Weine von Mosel, Saar und Ruwer zählen ebenfalls zu den bevorzugten Flüssigkeiten, die den Fisch noch einmal geschmackvoll und angenehm leicht zum Schwimmen bringen.

Wer nicht an familiäre Festtags-Traditionen gebunden ist, dem bieten sich eine ganze Reihe von interessanten Gaumenfreuden, die die Festtage in einem neuen kulinarischen Licht erscheinen lassen.

»Eurasisch« heißt ein Zauberwort, das neuen Schwung in deutsche Küchen gebracht hat. Immer mehr deutsche

Spitzenköche setzen auf diesen Trend und bieten in ihren Restaurants eine gelungene Kombination traditioneller europäischer Küche mit den Zubereitungsmethoden und vor allem der Gewürzvielfalt asiatischer Kochkunst. Asiatische Gewürze wie geröstete Sichuan-Pfefferkörner, Madras-Currypulver, Sternanis, Fenchelsamen, Gewürznelken, Ingwer und Zimt geben selbst einem gegrillten Schweinerücken eine ganz neue Geschmacksnote und bieten dem Gast eine willkommene Abwechslung in Sachen heimische Küche. Wenn der Koch dazu noch den virtuosen Umgang mit dem Wok beherrscht, sind den Beilagenvariationen keine Grenzen gesetzt.

Auch die deutschen Winzer setzen auf den eurasischen Gourmet-Boom und bringen in der Gastronomie ihre edelsüßen Gewächse zu einer neuen Renaissance. Deutsche Weißweine mit spürbarer Restsüße, vor allem Spätlesen und Auslesen, lassen sich auf ideale Art und Weise mit dem eurasischen Gaumenzauber zu einer schmackhaften Symbiose zwischen süß-sauer-süß verbinden. Der Griff in die noble Wein-Kategorie Beerenauslese, Trockenbeerenauslese und Eiswein hält geschmackliche Überraschungen parat, ist aber vor allem eine Preisfrage. Vorbei also die Trockenzeit im Glas, heute darf es wieder etwas mehr Süße sein.

Wo immer trendy gegessen wird, ist auch Sushi nicht weit. Dabei hat die japanische Küche weit mehr zu bieten als die kleinen Rollen-Klassiker. Nur muss man genügend Zeit mitbringen, um dem Koch beim Zubereiten der Speisen zuzuschauen. Bei der Weinauswahl sollte man ruhig wieder in die heimischen Keller greifen. Edelsüße Rieslinge von der

Mosel und aus dem Rheingau, aber auch eine fruchtbetonte Scheurebe aus der Pfalz, ein Rieslaner aus den Würzburger Weinbergen oder eine Riesling-Auslese vom Roten Hang bei Nackenheim setzen dem Festessen die kulinarische Krone auf.

Egal, ob klassisch Gans, Pute, Ente oder eurasisch aus dem Wok: Mit einem Genuss ohne Reue und den passenden Weinen wird jedes Essen zur festlichen Geschmackssache.

Desserts und süsse Weihnachten mit Wein

Die Weihnachtsbäckerei greift tief in die Aromakiste: Vanille, Zimt, Rosinen, Marzipan, Mandeln und Ingwer sind die geschmacksintensiven Zutaten von Lebkuchen, Pfeffernüssen, zartbitteren Dominosteinen, Marzipanbrot, Butterplätzchen, Vanillekipferln, Gewürzbrot, Makronen und Zimtsternen. Was aber trinkt man zu diesen kulinarischen Verlockungen?

Wer bei Weihnachtsgebäck und süßen Desserts statt zum Kaffee zum Wein greift, hat gute Chancen, die ganze Welt der Aromen in ihrer schmackhaften Vielfalt zu erleben. Natürlich ist die Symbiose nicht immer auf den ersten Blick erkennbar, und es bedarf bei der Zusammenführung von Wein und Süßspeisen eines ganz besonderen Fingerspitzengefühls. In der Regel sollten die Aromen des

Weines mit den Ingredienzen des Desserts harmonieren, wenn nicht sogar übereinstimmen. Keine leichte Aufgabe für den Wein.

Lange Zeit galt der Glaube, dass zum Beispiel zu Schokolade gar kein Wein so richtig passen wolle, bis mit dem Banyuls aus dem französischen Languedoc das Gegenteil bewiesen wurde. Längst sind seitdem auch andere alkoholreiche, kräftige und säurearme Weine mit Schokoladendesserts vermählt worden. Das Ausprobieren verschiedener Weinarten zu Nachspeisen und zur würzigen Weihnachtsbäckerei – man denke auch an die Amaretti, die erst in Vino Santo getaucht so richtig schmecken – ist und bleibt ein spannendes Aromenerlebnis. Und schließlich gibt es gerade in Deutschland zahlreiche Dessertweine, die für sich genommen schon die beste Nachspeise darstellen.

Vorsicht ist allerdings bei bitterer Schokolade geboten. Da auch edelsüße Weine durch den *Botrytis*-Pilz einige Bitterstoffe enthalten, können sich diese mit den bitteren Aromen der Schokolade addieren und den Geschmack dominieren. Um das zu vermeiden, sollte der Wein einen möglichst hohen Alkohol- und Süßegehalt mitbringen, um die Bitterstoffe der Schokolade zu überdecken.

Bei weißer und Vollmilchschokolade stellt sich dieses Problem nicht, da durch eine Reinigung die Bitterstoffe reduziert wurden. Für alle anderen Desserts gibt es einige Faustregeln, die nur als Empfehlungen verstanden werden können. Am Ende bleibt doch alles Geschmackssache. Gerade die würzigen Weihnachtsplätzchen, die mit Sternanis, Zimt oder Gewürznelken über kräftige Aromen verfügen, passen ideal zu relativ würzigen Weinen wie Gewürztraminer oder Muskateller. Etwas Süße sollte der Wein dennoch mitbringen. Am besten lassen sich restsüße Spätlesen oder edelsüße Qualitäten wie Auslese oder Sélection de Grains Nobles aus dem Elsass mit dem klassischen Weihnachtsgebäck kombinieren. Werden bei einem Dessert oder bei Backwaren Früchte verwendet, sollte der begleitende Süßwein über ein ordentliches Säuregerüst verfügen. Hier empfehlen sich besonders Riesling-Auslesen und Beerenauslesen aus Deutschland oder dem Elsass.

Schweren und fetten Nachspeisen, die mit viel Butter zubereitet wurden, sollte man schwere Weine gegenüberstellen. Kräftige Ruländer Auslesen oder Beerenauslesen, Sauternes-Weine oder Tokay Pinot Gris Sélection de Grains Nobles können der gewichtigen Nachspeise einigermaßen Paroli bieten. Extraktreiche und konzentrierte Trockenbeerenauslesen und Eisweine aus deutschen Weinbergen sind immer eine süße Versuchung wert und passen zum hausgemachten Christstollen genauso wie zum zuckerüberzogenen Lebkuchen. Natürlich gibt es weitere unzählige Variationsmöglichkeiten von Wein und Speisen. Dem eigenen Geschmack sind dabei keine Grenzen gesetzt, und so soll es auch sein. Entdeckungen in der eigenen Geschmackswelt bilden am Ende die Erinnerungen, die bestimmte Situationen so vertraut und damit sympathisch machen.

Wein & Mineralwasser von Markus Del Monego, Sommelier-Weltmeister

Wein und Wasser treten meist als Paar auf. Selbstverständlich kann man die beiden auch zur Weinschorle mischen, wenn man will. Ein Muss ist jedoch das Glas Mineralwasser neben dem Weinglas. Zum einen benötigt der Körper Wasser, um seinen Flüssigkeitshaushalt zu regeln, der durch den Alkohol regelrecht »austrocknet«. Mineralwasser umspült zum anderen den Gaumen und die Geschmacksknospen, neutralisiert und bereitet die Sinne auf ein neues Geschmackserlebnis vor.

Der Eigengeschmack des Mineralwassers ist nicht immer auf den ersten Schluck erkennbar, man registriert ihn aber deutlich im Zusammenklang mit einem charaktervollen Wein. Mineralwässer können die Wesensarten eines Weines interessant herausstellen oder ihm auch seine Geschmackstiefe nehmen. Nicht jedes Mineralwasser schmeckt also gleich gut zu jedem Wein. Die Mineralstoffmischung hier und das Süße-Säuren-Aromen-Spiel dort müssen zueinander passen.

Eine Faustregel besagt, dass Wein und Mineralwasser aus derselben Region zueinander passen: Beide stammen aus den gleichen Böden, die ihre mineralische Zusammensetzung und den Geschmack bestimmen. Jedoch

Vorsicht: Mineralwässer und Weine aus stark mineralhaltigen Böden sind häufig Individualisten, man sollte sie daher getrennt genießen. Verallgemeinernd kann man zum Kohlensäuregehalt sagen, dass ein Mineralwasser mit weniger Kohlensäure sich dem Wein und dem Menügang leichter unterordnet. Weniger Kohlensäure im Mineralwasser ist jedoch nicht gleichbedeutend mit mehr Geschmack im Wein. Auch hier ist das Zusammenspiel von Mineralwasser und Wein komplizierter. Das Motto bleibt: Probieren geht über Studieren.

Die folgenden Regeln geben deshalb nur Anhaltspunkte für eine gelungene individuelle Mineralwasser-Wein-Kombination:

- Stark mineralisiertes Wasser kann im Wein die Gerbstoffe oder die Säure betonen, gleichzeitig wird es die Süße oder den Schmelz eines Weines etwas zurücknehmen.
- Stark säurebetontes Wasser, beispielsweise mit viel Kohlensäure, wird ebenfalls bei Weinen die Gerbstoffe leicht verstärken und die Süße mildern. Säure kann – je nach Gehalt im Wein – schwächer oder stärker hervortreten.
- Stark basisches Wasser (mit hohem Hydrogencarbonatgehalt) wird Gerbstoffe und Säure in der Regel mildern, ebenso kann die Süße dadurch balanciert werden. Die Gefahr: Der Wein kann dabei schnell an Charakter verlieren oder dumpf oder eindimensional wirken.
- Je neutraler das Wasser schmeckt – also je weniger Mineralstoffe, Säuren oder Basen es charakterisieren –, desto weniger verändert es die verschiedenen Komponenten im Wein.

Der Bordeaux-Weintipp von Markus Del Monego

Bordeaux, das größte Anbaugebiet für Qualitätsweine in Frankreich, hat eine Fülle von Weinstilen zu bieten, die vielfältige und unterschiedliche Einsatzmöglichkeiten in der Gastronomie zulassen. Die großen Rotweine sind dabei sicherlich die bekanntesten Vertreter der langen Weinkultur Frankreichs, hier werden zwei ganz unterschiedliche Stilrichtungen unterschieden:

Die Weine vom linken Gironde-Ufer, beispielsweise aus den Graves oder dem Médoc, werden stark von der Rebsorte Cabernet Sauvignon geprägt. Die jungen, gerbstoffbetonten Weine lassen sich gut mit geschmorten Gerichten oder mit einem deftigen Entrecôte vom Grill (idealerweise auch auf Cabernet Sauvignon-Rebholz gegrillt – das gibt eine besonders gute Glut) kombinieren. Hierzu kann auch eine klassische Sauce Bordelaise serviert werden, die mit ihrem kräftigen Charakter die Tannine der jungen Weine bändigt.

Die reiferen Cabernet Sauvignon-Weine passen hervorragend zur feineren Küche. Rinderfilet, mit einem Hauch von Trüffeln, aber auch gebratene Tauben oder Wachteln harmonieren perfekt. Einem Käsesoufflé, begleitet von einem großen roten Bordeaux, wird wohl auch keiner widerstehen können. Und die »Boule de Lille« oder auch »Mimolette« genannte Käsespezialität, die an den holländischen Gouda erinnert, wird von einem großen Wein aus dem Médoc oder den Graves bestens begleitet.

Die Weine vom rechten Gironde-Ufer, Gewächse aus Saint-Emilion, Pomerol, Fronsac und den umliegenden Gemeinden, verdanken ihren Charakter vorwiegend der Rebsorte Merlot. Die Weine wirken in der Regel etwas runder, sind meist auch leichter zugänglich als die Gewächse vom linken Ufer.

Junge Weine aus der Merlot-Traube haben oft den typischen Duft von kleinen roten Früchten und Johannisbeeren. Auch hier sollte durchaus mit Schmorstoffen gearbeitet werden, um den Tannincharakter der Weine etwas zu dämpfen. Zu kräftigen Terrinen harmonieren die Weine ebenso wie zu einem deftigen Ragout oder einem gegrillten klassischen Entrecôte.

Reife Weine, besonders aus Pomerol und Saint-Emilion, harmonieren ausgezeichnet mit Gerichten, die mit exotischen, milden Gewürzen spielen. Auch Wildgerichte gewinnen mit einem Wein auf Merlot-Basis. Faszinierend ist jedoch die Kombination eines reifen Weines mit wenig Gerbstoff und kräftigem Körper zu einem Schokoladendessert mit wenig Zucker, wie zum Beispiel einem Schokoladensoufflé.

Glaubt man den Produzenten edelsüßer Weine aus Bordeaux, dann sind ihre süßen Schätze als Essensbegleiter ohnehin viel zu schade. Doch harmonieren die edlen Kreszenzen nicht nur ausgezeichnet mit vielen Desserts auf Basis von Vanille, Karamell, Äpfeln, Birnen, Aprikosen, Pfirsichen und exotischen Früchten, sie kommen auch mit einer Gänseleberpastete groß heraus, sie nehmen dem Blauschimmelkäse die Schärfe und verlieren dabei gleichzeitig etwas an

Fülle und Süße. Unschlagbar und einen Versuch wert ist die Kombination mit einem Seeteufel, unter Paprika gratiniert, oder einer Fasanenbrust mit Gänseleber-sauce. Süße Weine aus Bordeaux sind eben nicht nur für süße Speisen geeignet.

Die trockenen Weißweine teilen sich ebenfalls in zwei Kategorien. Die Weine aus dem Stahltank begeistern mit intensiver Frucht und erfrischendem Geschmack. Sie machen aus Sushi und Sashimi einen Hochgenuss und können genauso gut ein Carpaccio – von Kalbfleisch oder von Fisch – begleiten. Dabei sind sie allgemein mit Fischgerichten der leichteren Art überzeugend und können sogar einen frischen Ziegenkäse adeln.

Die Weißweine, die im Barrique ausgebaut worden sind, haben einen intensiveren und fülligeren Charakter, der oft durch Röstaromen des kleinen französischen Holzfasses untermalt ist. Hier eignen sich Zubereitungen von Fisch und Krustentieren, die ebenfalls Röstaromen haben. Gebraten oder gegrillt schmecken die Meeresfrüchte dazu am besten.

Rot- und Weißweine, trocken bis edelsüß, im Stahltank fruchtbetont ausgebaut oder mit den Röstaromen des Barrique geadelt: Die Palette an Weinstilen in Bordeaux ist riesig, macht unheimlich viel Spaß und kann nahezu jedes Gericht der Welt begleiten. Bon Appetit – et bon soif!

Rot zum Essen: Spätburgunder
Jan Bimboes, freier Mitarbeiter von Sommelier Consult, Sommelier der Weinhandlung Nicolay & Schartner, Stuttgart

Die vielschichtigste Rotweinrebsorte ist für mich der Spätburgunder, bei dem es entscheidend darauf ankommt, auf welchem Terroir die anspruchsvollen Reben wachsen. Kennt man aus sonnenverwöhnten Regionen den fruchtbetonten, marmeladig wirkenden Spätburgunder, zeichnen sich die Spätburgunder aus kühleren Gebieten durch Würze, Mineralität und Individualität aus.

Als Charakteristika des Spätburgunders zeigen sich – mehr oder weniger intensiv – Aromen von Wacholder, Brombeeren, Sauerkirschen und schwarzem Pfeffer in Harmonie mit feinen Gerbstoffen. Einige Spätburgunder zeigen dazu im Abgang eine dezente Bittermandelnote.

Um eine Speisen-Wein-Harmonie herzustellen, sollten in allen Zubereitungen grundsätzlich wenig Gewürze und Kräuter verwendet werden. Produkte, die kross angebraten werden oder einen kräftigen Eigengeschmack besitzen, passen ebenso wenig zum Spätburgunder wie Lammrücken, Wildschweinragout oder Rindersteak. Spätburgunder sollte nur zu milden Speisen wie zum Beispiel Rehragout oder Entenbrust serviert werden. Durch seine feinen Fruchtaromen, die sanfte Würze und den samtigen Körper ist der Spätburgunder auch ein idealer Begleiter für Fischgerichte. Rotwein und Fisch ist – genauso wie Spätburgunder – speziell, aber in jedem Fall einen kulinarischen Versuch wert.

Wein & Barbecue
von Götz Drewitz
Vinomation, Weinberater und Seminarleiter

Sobald die Grillsaison eröffnet ist, qualmt es quer durch die Republik. Meist wird zu den Leckereien vom Holzkohlegrill ein kühles Bier getrunken, Wein scheint auf den ersten Biss nicht zu den rustikalen Geschmacksaromen des Barbecue zu passen. Irrtum: Auch Lammcarrée, Rinderfiletsteaks oder mit Rosmarin, Thymian und schwarzem Pfeffer abgeschmeckte Steaks finden in der Weinwelt ihre passenden kulinarischen Begleiter. Wie wäre es denn einmal mit einem alkholstarken, fruchtigen, holzlastigen und tanninsüßen Wein aus Übersee?

Denn die rauchigen Röstaromen der Steaks harmonieren aufs Beste mit den angenehm eingebundenen Barrique-Aromen des australischen Shiraz oder einem südafrikanischen Pinotage-Wein. Beide Weine sind mit einem spürbaren, aber doch seidigen Tanningerüst ausgestattet, das eine ideale Ergänzung zum Saft eines medium gegarten Fleisches bildet. Je mehr Rosmarin beim Grillen verwendet wird, umso besser harmonieren dazu die würzigen Aromen des Pinotage.

Auch bei den Beilagen machen die beiden kräftigen Weine eine gute Figur. Selbst zum mit Rosmarin abgeschmeckten Ratatouille und zu Kartoffeln in Olivenöl, gewürzt mit Meersalz, Muskat und reichlich Rosmarin, schmecken Pinotage oder australische Shiraz ausgezeichnet.

Sashimi vom Thunfisch

KATJA GIESSLER
RESTAURANTLEITERIN FISCHERS
WEINGENUSS & TAFELFREUDEN

ZUTATEN: 8 Scheiben Thunfisch (Lions Sushi-Qualität) • Pfeffer • 1 EL Olivenöl • 400 g Bambussprossen • 20 g Möhren-Julienne • 20 g Zuckerschoten-Julienne • 1 TL Sesamöl • 1 Spritzer Balsamico • 30 g Ketjap Manis • Salz • 1 Zweig Koriander • 5 g Sesam schwarz und weiß • 50 g Crème fraîche • 20 g flüssige Sahne • Saft und Schale von 1 Limone • 1 TL Limonenolivenöl • 4 Cherry-Tomaten • Sesam zum Garnieren

ZUBEREITUNG: Vom Thunfisch dünne Scheiben schneiden, mit Pfeffer würzen und nur auf einer Seite in Öl scharf anbraten. Die Bambussprossen und die blanchierten Julienne von Karotten und Zuckerschoten in einer Pfanne mit etwas Sesamöl anschwenken und mit Balsamico ablöschen. Danach mit etwas Ketjap manis, Pfeffer und Salz würzen. Anschließend frischen Koriander und Sesam untermischen.

Für die Limonensauce Crème fraîche, Sahne, Limonenolivenöl, Limonensaft und -zesten verrühren.

Die Thunfischscheiben mit der rohen Seite nach oben im Wechsel mit dem Sprossensalat aufeinander schichten. Die Limonensauce um das Gericht herum verteilen. Zum Schluss noch etwas Sesam über die Sauce geben und mit geschmorten Cherry-Tomaten dekorieren.

DER PASSENDE WEIN: Die Kombination ist nicht neu, dennoch bin ich immer wieder von der perfekten Harmonie und der sich ergänzenden Geschmacksvielfalt überrascht: Asiatische Speisen und restsüße Weine. Vor allem junge Rieslinge mit ihren feinen Zitrus- und Grapefruitaromen und der spritzigen Fruchtigkeit passen für meinen Geschmack ideal zu der geschmacklichen Intensität asiatischer Gewürze.

Zu Sashimi vom Thunfisch mit asiatischem Sprossensalat, Limonensauce und schwarzem Sesam gefällt mir deswegen ein junger, leicht restsüßer Rheingauer Riesling auch am besten: Die Süße des Weines bindet das Salzige der Sojasauce und bringt die Aromen des gebratenen Fisches und des Gemüses hervor. Im Mund wirkt alles sehr harmonisch: Die knackige Riesling-Säure gibt dem Ganzen das gewisse Etwas und rundet das Geschmackserlebnis ab. Das Gericht wirkt durch die Kombination mit Riesling am Gaumen sehr erfrischend.

Schwarzfederhuhn an Honig-Whisky-Sauce

Christian Frens
Sommelier Fischers Weingenuss & Tafelfreuden

Zutaten: 1 Schwarzfederhuhn (à ca. 1600 g) • 300 g Schalotten in Scheiben • 50 g grobkörniger Senf (Dijon-Senf) • 2 Lorbeerblätter • 50 g Schalottenwürfel • 1 EL Butter • 4 cl Bratenjus • 2 TL Honig • 6 cl Sahne • 1 kleiner Thymianzweig • 1 kleiner Rosmarinweig • 4 cl Whiskey • 400 g Selleriestreifen • 40 g Butter • 100 g Sahne • 40 g grobkörniger Senf • Salz und Pfeffer

Zubereitung: Das Schwarzfederhuhn innen salzen und pfeffern, mit Schalotten, einigen Löffeln Senf und dem Lorbeer füllen. Das Ganze rund 45 Minuten bei 165 °C im Ofen backen.

Für die Sauce die Schalottenwürfel in Butter anschwitzen, mit Bratenjus ablöschen. Einige Löffel Honig mit Sahne verrühren, mit den Kräutern dazugeben und köcheln lassen. Je nach Gusto mit Whisky abschmecken und kurz vor dem Servieren die Kräuter entfernen. Das Gemüse in etwas Butter leicht anbraten, die Sahne zugießen, mit etwas Senf, Pfeffer und Salz abschmecken.

Der passende Wein: Von sahnigem Schmelz geprägte Saucen fordern Weine mit einer spürbaren Fülle und kräftigem Nachhall. Eine hohe Säure im Wein wäre mit Sicherheit störend, da sie mit dem natürlichen Fettanteil der Rahmsauce einen bitteren Eindruck im Mund hinterlassen würde. Passend zur Sauce sind auch die Weine auszuwählen. Hier bietet sich ein Wein aus der Rebsorte Chenin Blanc an, die vor allem an der Loire zu neuen Ehren gekommen ist und deren Gewächse zu den charaktervollsten Weißweinen der Welt zählen. Die Weine glänzen durch eine lebendige, aber runde Säurestruktur und halten mit ihren exotischen Düften von Blüten, Quitten, Honig und Unterholz eine lebendige Balance mit der von Honig geprägten Sauce. Die meist cremige Textur der Chenin Blanc unterstützt die weiche, fasrige Art des Geflügelfleisches.

Tipp

Bitte servieren Sie diesen Wein nie zu kalt! Gut tun Sie daran, wenn Sie diesen Kraftprotz karaffieren, bevor Sie mit dem Kochen beginnen. Der herausfordernde Wein wird es Ihnen auf seine phänomenale Art danken.

Ente süßsauer

ASTRID MÜLLERS
GESCHÄFTSFÜHRERIN SOMMELIER-CONSULT IN KÖLN

ZUTATEN: 600 g Entenbrustfilet • Salz, Pfeffer • 6 getrocknete chinesische Morcheln • 2 Schalotten • je 1 rote und gelbe Paprika • 2 rote Chilischoten • 1/2 Ananas • 1 kleine Mango • 4 EL Öl • 1 EL geriebener frischer Ingwer • 1 EL Honig • 1 TL Curry • 2 EL Sojasauce • 1 EL Aceto balsamico • 2 cl Fino-Sherry • 1 EL Speisestärke

ZUBEREITUNG IM WOK: Die Entenbrust waschen, trockentupfen, in mittelgroße Würfel schneiden und mit Salz und Pfeffer würzen. Die Morcheln in lauwarmem Wasser 4 Minuten einweichen. Schalotten schälen und in Viertel schneiden, Paprika waschen, die Kerne entfernen und in Rauten schneiden. Die Chilis putzen und in Ringe schneiden. Ananas und Mango schälen und würfeln.

Das Öl im Wok erhitzen und die Entenbrustwürfel scharf darin anbraten. Herausnehmen und die Schalotten, die Paprika und die Chilis anbraten. Nach ein paar Minuten die Früchte und die abgetropften Pilze dazugeben. Ingwer, Honig und Curry untermischen. Sojasauce, Essig und Sherry mit der Speisestärke verquirlen und ebenfalls untermischen. Alles zusammen kurz durchkochen lassen und die krossen Entenwürfel wieder hinzugeben. So lange erhitzen, bis das Fleisch gar, aber noch rosa ist. Servieren Sie zur Ente süßsauer Basmatireis.

Ente Süsssauer

Ente süßsauer – zwei Worte, zu denen man mit ein paar exotischen Gewürzen und vielen gesunden Zutaten schnell ein Stück Asien nach Hause zaubern kann. Die asiatische Küche hat sich längst einen festen Platz in den Küchen und Herzen von Feinschmeckern erobert. Besonders Gerichte aus dem Wok sind beliebt und außerdem ein optischer Genuss für den Koch und die Gäste.

Der passende Wein: Einen passenden Wein zur asiatischen Küche zu finden ist nie ganz leicht. Die geballte Exotik aus Gewürzen, Frucht und Süße sollte unbedingt bei der Wahl des Weines bedacht werden. Gehaltvolle Weine wie kernig-fruchtige Rieslinge sind einfach perfekt. Sie ergeben mit den Aromen des Essens ein pikantes Spiel auf der Zunge. Da darf es dann auch mal ein Wein mit Restsüße sein, z. B. eine Spätlese von Mosel-Saar-Ruwer oder ein saftiger Riesling Kabinett aus der Pfalz. Und da fällt mir noch eine Rebsorte aus der Pfalz ein: Muskateller. Etwas unbekannter vielleicht, dafür bei Weinfans ein beliebter Geheimtipp. Die Sorte ergibt bei harmonischer Restsüße einen Wein mit exotisch eleganter Frucht, die die Aromen von Ananas und Mango wunderbar ergänzt. Der Schmelz des Muskatellers kann auch gut mit den Röstnoten der Ente mithalten und unterstreicht die süßsaure Art der Sauce.

Gâteau au Chocolat

Christine Balais
Sommelière, Freie Mitarbeiterin von Sommelier Consult

Zutaten: 125 g gesalzene Butter • 125 g Zartbitter-Schokolade • 175 g Zucker • 2 Eier • 70 g Mehl • 1 gestrichenen TL Backpulver • gehackte Walnüsse nach Belieben • Puderzucker zum Bestreuen

Tipp

Achtung: Backen Sie den Kuchen nicht zu lange, damit er innen weich bleibt und nicht austrocknet.

Zubereitung: Butter und Schokolade in der Mikrowelle oder in einem Wasserbad schmelzen lassen. Zucker hinzufügen und alles gut im Mixer verrühren. Danach die Eier nacheinander in die Masse rühren, anschließend Mehl und Backpulver hinzugeben. Zum Schluss die gehackten Walnüsse untermischen und den fertigen Teig in eine gefettete, mit etwas Mehl bestreute Backform füllen. Den Kuchen bei 180 °C ca. 25 Minuten lang backen. Achtung: Nicht zu lange backen, damit der Kuchen innen weich bleibt und nicht austrocknet. Vor dem Anschneiden etwas abkühlen lassen und mit Puderzucker bestreuen.

Der passende Wein: Der Kuchen als Dessert ist ein typisches Finale für ein französisches Essen. Dieser saftige Schokoladenkuchen, der auch Anfängern leicht gelingt, ist im Geschmack vor allem von Bitterschokolade und Nüssen geprägt. Um diesen intensiven Aromen ein passendes Gegenüber zu geben, bedarf es eines süßen Weines, der ebenfalls über intensive Aromen verfügt. Beerenauslesen und Trockenbeerenauslesen aus den würzigen Rebsorten Ruländer, Gewürztraminer oder Muskat passen ideal zum Schokoladenkuchen, weil dabei Fruchtsüße und Aroma von Wein und Kuchen miteinander verschmelzen. Auch gelagerte Süßweine wie Portwein, Madeira oder süßer Sherry sind eine tolle Kombination.

Mein Favorit zum Gâteau au Chocolat ist jedoch ein Wein aus der südfranzösischen Region Roussillon, der aus der Rebsorte Grenache gekeltert wurde: Der Banyuls ist ein dunkler, schwerer Wein, der über mindestens 15,5 Volumenprozent Alkohol verfügt und nicht nur wegen seiner dunklen Farbe perfekt zum Schokoladenkuchen passt. Überzeugend sind vor allem seine intensiven Aromen, denn alles, was Sie geschmacklich im Kuchen finden, bietet auch der Wein in feinen Nuancen: Bitternoten von der Schokolade, Nussaromen, Anklänge von Kaffee, Karamell und Tabak.

Gâteau au Chocolat und Süßweine: Ein Karussell des Geschmacks und eine süße Sünde, die sich einfach lohnt.

Christina Fischer

Christina Fischer gehört zu den bekanntesten Sommeliers Deutschlands. Sie ist nicht nur Inhaberin des renommierten Kölner Restaurants »Fischers Weingenuss & Tafelfreuden«, sondern engagiert sich als Mitglied in verschiedenen Verkostungs-Jurys und ist national wie international anerkannte und ausgezeichnete Wein-Fachfrau. Zahlreiche Interviews und Fernsehauftritte als TV-Sommelière im VOX-Kochduell haben Christina Fischer bundesweit bekannt gemacht. Das ganze Jahr über probiert sie unzählige Weine, schreibt Bewertungen und hat bereits mehrere Bücher rund um das Thema Wein verfasst.

Ihr umfangreiches Wissen hat sich die Weinexpertin und Gastronomin während ihrer unterschiedlichen Tätigkeiten im In- und Ausland angeeignet: Nach einer Ausbildung zur Hotelkauffrau im Hotel Inter Continental Düsseldorf folgen zwei Jahre Inter Continental Hyde Park Corner in London. Nach Köln zurückgekehrt, übernimmt sie die Restaurantleitung im »Soufflé« und arbeitet gleichzeitig als Sommelière. Nächste Station auf ihrer gastronomischen Karriereleiter ist die Position der Sommelière im Drei-Sterne-Restaurant »Schiffchen« in Düsseldorf Kaiserswerth. Christina Fischer wechselt als Geschäftsführerin und Sommelière ins Kölner Restaurant »Mäxwell« und in gleicher Funktion zwei Jahre später ins renommierte Hotel-Restaurant »Brenner'scher Hof« in Köln.

Im Jahre 1996 eröffnet Christina Fischer ihr eigenes Restaurant »Fischers Weingenuss & Tafelfreuden« am Hohenstaufenring in Köln. Jetzt endlich kann die weinbesessene Gastronomin ihre eigenen Ideen verwirklichen und ein Konzept umsetzen, das den Gast in den Mittelpunkt aller kulinarischen Dienstleistungen stellt. Eine engagierte Service- und Küchenmannschaft sorgt dafür, dass täglich frische crosskulturelle Gerichte und eine breit gefächerte Weinauswahl bereit stehen. Von den über 700 Wein-Positionen werden rund 40 Weine auch glasweise angeboten. Ein Großteil der Weine kann über den Weinhandel »Take away« gleich mitgenommen werden. Nach Hause kommen Weingenuss & Tafelfreuden mit Fischers Catering Service, der maßgerecht auf die jeweilige Veranstaltung ausgerichtet wird. Darüber hinaus bietet ein Team von Spezialisten im gemütlichen Gewölbekeller unterhaltsame Weinseminare und -veranstaltungen an.

Für ihre vielfältigen Aktivitäten rund um die Themen Wein und Gastronomie wurde Christina Fischer mit dem »Förderpreis Pro Riesling« ausgezeichnet, bekam ein Jahr später den »Wine by the glass Award« von der Zeitschrift Decanter verliehen und gewann mit ihrer Restaurant-Mannschaft die begehrte »Moët Hennessy Team-Trophy«. Eine Fachjury wählte Christina Fischer für ihr innovatives Gastronomie-Konzept zur »Wirtin des Jahres 2000«. Im gleichen Jahr wurde ihr Restaurant von der Zeitschrift Der Feinschmecker und Robert Mondavi mit dem 1. Platz für die »Beste Übersee-Weinkarte Deutschlands 2000« ausgezeichnet. Ein Jahr später kürte der Gault Millau Deutschland Christina Fischer zur »Sommelière des Jahres 2001«.

Zur Sprache des Weines

Wenn Fachleute über Weine reden, klingt dies oftmals fürchterlich kompliziert und verschlüsselt. Dabei benutzt die professionelle Weinansprache in der Regel Wörter und Begriffe aus dem Alltag und ist damit gar nicht so unverständlich, wie auf den ersten Blick vermutet. Wichtig ist, dass die Bedeutung der Begriffe im Kontext der Weinwelt bekannt ist, um ein gewisses Maß an Verständnis untereinander zu ermöglichen. Möchten Sie also einen Wein beschreiben oder einfach Ihre Geschmackseindrücke wiedergeben? Dann helfen Ihnen die folgenden Ausdrücke, Wein besser zu verstehen.

ABBEEREN:
Trennung der Traubenbeeren von den Stielen, auch Rappen oder Kämme genannt. Ein Abbeeren führt zu weniger → Gerbstoffen in der Maische und im späteren → Most.

ABBOCCATO:
Italienische Bezeichnung für einen → halbtrockenen Wein

ABGANG:
Der kurze oder lange geschmackliche Eindruck, den ein Wein nach dem Schlucken am Gaumen hinterlässt. Ein langer Abgang zeichnet einen hochwertigen Wein aus. Ein schwacher Abgang zeigt sich durch das rasche Nachlassen

des Eigengeschmacks, oft auch Zeichen eines ungenügenden Säuregehalts.

Abocado:
Spanische Bezeichnung für einen → halbtrockenen Wein

Abstich:
Kellertechnisches Verfahren für das Umfüllen von Wein aus dem Gärbehälter (Fass/Tank) in ein anderes, sauberes Behältnis. Dabei erfolgt die Trennung des klaren Weines von abgesetzten Trubteilchen wie zum Beispiel der → Hefe.

Adstringierend:
Hohe und junge → Säuren können im Mund zu einer austrocknenden Wirkung führen. Dieses pelzige, etwas taube Gefühl im Mund kann ebenso von unreifen → Tanninen oder einer konzentrierten Gerbsäure aus Traubenschalen oder Holzfässern herrühren.

Agricola Vitivinicola:
Weingut in Italien

Alkohol:
Wichtiger, geschmacksbildender Weinbestandteil, der aber nicht zu hoch sein darf. Entsteht durch die Vergärung von Traubenzucker in Alkohol und Kohlensäure.

Alkoholreich:
Beschreibung für Weine, die einen hohen Alkoholgehalt

haben. Alkoholreiche Weine wirken oft → brandig und ungewöhnlich schwer.

Allier-Eiche:
Zum Bau von → Barrique-Fässern verwendete französische Eiche, deren Holz besonders feinporig ist.

Alt:
Positive wie negative Bezeichnung für Weine. Entscheidend ist, ob die Weine aufgrund ihres Jahrgangs oder ihres Geschmacks als alt bezeichnet werden.

Ampelographie:
Rebsortenkunde

Amtliche Prüfnummer (AP):
Nach deutschem Weingesetz der Nachweis, dass ein Wein als Qualitätswein in den Verkehr gebracht werden darf. Die AP muss auf dem Etikett vermerkt sein.

Annata:
Italienisch für Jahrgang

Anreicherung:
In Deutschland mit der Einführung des Weingesetzes von 1971 streng geregelt: Die Zugabe von Zucker ist grundsätzlich verboten. Einzige Ausnahme ist das Aufzuckern (→ Chaptalisieren) von → QbA-Weinen vor der → Gärung, um diese im → Alkohol höher zu stellen.

Aroma:
Gesamtheit der Stoffe, die jedem Wein sein typisches Duft- und Geschmacksbild verleihen.

Aromatisch:
Weine von ausdrucksstarken Rebsorten verfügen in der Regel über ein aromatisches → Bukett.

Art:
Charakter eines Weines, Gesamtbild

Assemblage:
Verschnitt von Weinen aus verschiedenen Rebsorten mit der Zielsetzung, ein möglichst optimales Ergebnis zu erreichen.

Ausbau:
Auch → Vinifikation oder Vinifizieren. Fachbegriff für den Werdegang des Weines im Keller von der Vergärung bis zur Abfüllung.

Ausbruch:
In Österreich Bezeichnung für edelsüße → *Botrytis*-Weine

Ausdruckslos:
Weine, deren → Aroma und Geschmack sich nicht entfalten, nennt man ausdruckslos.

Ausgewogenheit:
Der Wein enthält alle wünschenswerten Elemente und befin-

det sich in einem idealen Gleichgewicht von Duft, Frucht, → Säure, → Extrakt und → Alkohol.

Auslese:
Dritte deutsche Prädikatsstufe für Weine aus reifen, edelsüßen Trauben

Autochthone Rebsorte:
Rebsorte, die nur in einem regionalen Raum angebaut wird.

Azidifikation:
Anreicherung des → Mostes durch Zitronen- oder Apfelsäure

Balance:
Ein Wein, der ausgewogen und harmonisch schmeckt.

Barrique:
Französische Bezeichnung für ein kleines, rund 225 Liter fassendes Eichenholzfass. Durch den Ausbau im Barrique werden → Tannine aus dem Holz gelöst, die in den Wein übergehen. Ursprünglich für Bordeaux-Weine entwickelt, wird der Ausbau im Barrique heute weltweit praktiziert.

Bâtonage:
Aufrühren der → Hefe im Fass mit einem Stock

Beerenauslese:
Weine aus überreifen, süßen Trauben. Vierte Stufe in der Hierarchie der Prädikatsweine.

Biologischer Säureabbau (BSA):
Biologischer Säureabbau findet in der Regel nach der alkoholischen → Gärung statt. Er bezeichnet alle chemischen Vorgänge, die durch Mikroorganismen zu einem Rückgang der Apfelsäure führen und diese unter Abspaltung von Kohlensäure in die mildere Milchsäure umwandeln.

Biss, beissend:
Ein kräftiger Eindruck, den der Wein auf der Zunge hinterlässt. Fehlt es an Biss, wirkt der Wein eher → flach.

Bitter, Bitterkeit:
Eine Geschmacksnuance der → Gerbstoffe, die in der Regel bei Weinen aus unreifem Lesegut vorkommt. Mit der Reifung eines Weines verschwindet oft auch die anfängliche Bitterkeit.

Blanc de Blanc:
Nur aus weißen Trauben gekelterter → Schaumwein oder Champagner aus 100 Prozent Chardonnay-Trauben

Blanc de Noirs:
Wein mit heller Farbe, der durch Keltern von roten Trauben gewonnen wird, die nur ganz kurz oder gar nicht mit der → Maische in Kontakt kommen.

Blume, blumig:
Vorstufe zum → Bukett. Positiver Geschmackseindruck: Man spricht von einer edlen, feinen oder zarten Blume.

Bocksbeutel:
Traditionelle, bauchige Flaschenform, vorwiegend in Franken verwendet

Böckser:
Gärfehler, der vor allem Jungweinen einen unangenehmen Geruch von faulen Eiern verleiht.

Bodega:
Weinkellerei oder Weinhandlung in Spanien

Botrytis cinerea:
Pilz, der die Traubenschalen zum Platzen bringt und den Trauben Wasser entzieht. Unerlässlich für die Produktion edelsüßer Gewächse.

Brandig:
Weine, die über einen hohen Alkoholanteil und wenig Frucht verfügen, können brandig schmecken.

Brut:
Begriff für trocken bei Champagner und → Schaumweinen

Bukett:
Das Aroma des Weines, das in der Nase wahrgenommen wird.

Buttrig:
Reicher, meist → fetter Geschmack, der vor allem bei

Weinen vorkommt, die auf der → Hefe gereift und im → Barrique-Fass ausgebaut wurden.

CASA:
Italienische Bezeichnung für Firma/Unternehmen

CAVA:
Amtliche spanische Bezeichnung für → Schaumwein, der nach der *Méthode champenoise* hergestellt wurde.

CAVE:
Französisch für Keller

CHARAKTER:
Ein Wein, der alle positiven Eigenschaften seiner Rebsorte besitzt.

CHARMANT:
Umschreibender Ausdruck für relativ belanglose Weine, die zwar nicht schlecht sind, aber eigentlich eindrucksvollere Eigenschaften haben sollten.

CHAPTALISIEREN/CHAPTALISIERUNG:
Französisch für das Anreichern des → Mostes mit Zucker vor der → Gärung, um einen höheren Alkoholgehalt des Weines zu bekommen.

CHÂTEAU:
Besonders in Frankreich häufig verwendeter Begriff für

ein Weingut. Es kann sich sowohl ein Schloss als auch ein kleines Anwesen dahinter verbergen. Keine Klassifizierung!

Chène:
Französisch für Eiche

Classico:
Italienische Bezeichnung für die besten → Lagen innerhalb einer DOC

Clos:
Französische Bezeichnung für einen ummauerten Weinberg

Commune:
Französisch für Gemeinde

Cosecha:
Spanisch für Ernte oder Jahrgang

Crémant:
Französische Bezeichnung für einen außerhalb der Champagne produzierten → Schaumwein.

Cremig:
Fachausdruck für → Schaumweine, die eine zarte Kohlensäure aufweisen.

Crianza:
Bezeichnung für im Holz gereifte spanische Weine

CRU:
Französischer Begriff für ein bestimmtes Wachstum (Lage, Weingut). Wichtig: Steht immer im Zusammenhang mit einer über dem Durchschnitt stehenden Qualität. Genauere Bezeichnungen dazu sind Cru Classé, → Cru Bourgeois oder Premier Cru. Derartige Einstufungen sind in Frankreich fast ausschließlich auf die Gebiete Bordelais und Burgund beschränkt, mit unterschiedlicher Bedeutung für verschiedene Regionen.

CRU BOURGEOIS:
Bordeaux-Wein unterhalb der Qualitätsstufe Cru Classé

CUVÉE:
Der Verschnitt von zwei und mehr Reb- bzw. Weinsorten mit der Zielsetzung, ein möglichst optimales Ergebnis zu erreichen. Wird in der Regel im Keller zunächst versuchsweise vorgenommen (→ Assemblage).

DEGOGIEREN:
Entfernen des Bodensatzes, der sich bei der zweiten Vergärung von Champagner in der Flasche gebildet hat.

DEKANTIEREN:
Umfüllen von Wein aus der Flasche in eine Glaskaraffe. Dient der vorsichtigen Entfernung von Trübstoffen oder → Depot, welche sich im Laufe der Lagerung gebildet haben. Dekantiert werden Weine aber auch, um sie mit Sauerstoff in Kontakt zu bringen. Durch den Vorgang der → Oxidation

werden junge oder eckige → Tannine und → Gerbstoffe abgerundet. Vorsicht, alte Weine können bei diesem Vorgang zu schnell oxidieren!

Demi-sec:
Französisch für → halbtrocken

Depot:
Bildet sich durch die Reifung oder lange Lagerung vor allem bei Rotweinen. Die Ablagerungen von festen Teilchen können dabei grobkörnig bis staubfein sein. Das Depot wird durch vorsichtiges → Dekantieren entfernt.

Dicht:
Ein Wein mit kompaktem Körper

Dick:
Weine, die reich an → Alkohol, → Extrakten und Geschmack sind.

Domaine:
Französisch für Weingut

Dosage:
Gemisch aus → Most, Zucker (Likör) und Wein, der nach dem → Degogieren dem → Schaumwein zugeführt wird.

Doux:
Französisch für süß

DÜNN:
Dem Wein fehlen → Extrakte, → Körper, → Alkohol und Geschmacksstoffe. Kein Synonym für → leicht.

DUFT, DUFTIG:
Umschreibung für einen feinen, zarten Geruch

DURCHGEGOREN:
Weine, in denen der gesamte Zucker bei der → Gärung in → Alkohol umgewandelt wurde und der keine nennenswerte → Restsüße enthält. Bei gleichzeitig hohem Säuregehalt können durchgegorene Weine → hart und → bissig schmecken.

ECKIG:
Unharmonischer Wein, bei dem einzelne Geschmacksstoffe wie → Säure und → Gerbstoffe zu sehr hervortreten.

EHRLICH:
Einfacher, guter Wein, der keine Fehler hat.

EICHENGESCHMACK:
Kommt in der Regel von der Lagerung in neuen → Barrique-Fässern. Mögliche Aromen sind: Getoastetes Holz, Vanille, Zedern, frisch gesägtes Eichenholz, geräucherte und leicht angebrannte Noten und Asche.

EISENHALTIG:
Mineralischer Geschmackseindruck, der vom Boden bzw. → Terroir herrührt.

Eiswein:
Hochkonzentrierter Wein aus Trauben, die im gefrorenen Zustand (mindestens –7 °C) geerntet und gekeltert werden.

Elegant:
Die Proportionen des Weines (→ Aroma, Geschmack, Gehalt und → Extrakt) sind fein abgestimmt und harmonisch ausbalanciert.

Enoteca:
Italienisch für Weingeschäft

Erdig:
Umschreibung für → mineralisch geprägte Weine, deren Bodenstrukturen sich im Geschmack wiederfinden: zum Beispiel Muschelkalk, Feuerstein oder auch tiefe, lehmreiche Böden.

Ertrag:
Wichtiger Faktor für die Qualität eines Weines. Es gilt der Grundsatz: Je geringer die Erntemenge, desto größer die Extraktwerte der Trauben. Der Ertrag kann durch entsprechenden Anschnitt der Rebstöcke sowie Ausdünnen von Blütenansätzen und unreifen Beeren/Trauben vom Winzer gesteuert werden.

Erzeugerabfüllung:
Wein, der ausschließlich aus eigenen Trauben des Abfüllers stammt.

ESSIGSTICH:
Weine, die intensiv nach Essigextrakt riechen, sind fehlerhaft.

EUKALYPTUS:
Beschreibung, um ein an Eukalyptus erinnerndes, würziges → Aroma zu bezeichnen.

EXTRAKT:
Die Summe der aromatischen Weinbestandteile ohne → Alkohol, → Säure, Zucker und Wasser. Dazu gehören beispielsweise → Glycerin, → Gerb- und → Farbstoffe sowie Mineralien. Je höher der Extrakt, desto besser ist oft der Wein. Ein durchschnittlicher, guter Rotwein hat rund 25 Gramm Extrakt pro Liter, bei den Spitzenweinen sind es mehr als 30 Gramm pro Liter.

FAD:
Ausdrucksloser, säurearmer Wein

FARBE:
Wichtig für die Beurteilung von Wein. Die Farbe und die entsprechenden Farbreflexe können bei der Bestimmung der Rebsorte, der Herkunft und des Alters hilfreich sein.

FARBSTOFF:
Die Farbstoffe der Trauben sitzen in der Schale, nicht im Saft. Damit ein Rotwein Farbe bekommt, müssen die angepressten Trauben einige Zeit auf der so genannten → Maische liegen.

Dabei zieht der Saft die Farbstoffe aus den aufgeplatzten Schalen. Roséweine benötigen nur einen kurzen Kontakt mit den Schalen, um ihre leicht rosa Farbe zu erlangen.

Fasrig:
Wein kann fasrig wirken, wenn seine einzelnen Komponenten unharmonisch zueinander stehen.

Fassgeruch:
Modriger, unangenehmer Geruch, der von alten, meist schlecht gepflegten Fässern stammt.

Fassgeschmack:
Muffig-dumpfer Holzgeschmack

Fattoria:
Italienisch für Weingut in der Toskana

Fein:
Ausdruck für ausgewogene, harmonische Qualität

Fest:
Geschmacksvielfalt, die Gaumen und Zunge durch eine kräftige → Säure und → Gerbstoffe beeinflusst und ein Gefühl von jugendlicher Kraft vermittelt.

Fett:
Geschmack und Konsistenz füllen den ganzen Mund aus. Fette Weine können auch zu breit und damit unharmonisch wirken.

FEURIG:
Kräftige, alkoholreiche Rotweine mit harmonischem → Körper

FINESSE:
Finessenreiche Weine stechen mit ihrer Nachhaltigkeit, Konsistenz und allen anderen Qualitäten besonders hervor. Geschmack und → Aroma sind dabei optimal eingebunden.

FIRNE:
Geschmackston eines alten Weines, der ein etwas hart anmutendes Lagerbukett (Oxydationsbukett) angenommen hat. Bei Spitzenweinen kann die so genannte Edelfirne aber auch eine Bereicherung darstellen.

FLACH:
Ein wässriger, leichter, wenig duftender Wein ohne Nachgeschmack

FLASCHENGÄRUNG:
Bezeichnung für deutsche → Schaumweine, die nach der traditionellen *Méthode champenoise* ausgebaut wurden.

FLEISCHIG:
Ein fleischiger Wein ist → dicht, → fett, → saftig und → ölig, jedoch nicht unbedingt kraftvoll.

FRISCH:
Jugendliche Lebendigkeit und Spritzigkeit, durchaus verbunden mit → Säure

Frizzante:
Italienisch für perlend

Fruchtig:
Wird sowohl für das → Bukett als auch für den Geschmack verwendet. Beschreibt die Reichhaltigkeit eines aus gesunden und reifen Trauben gewonnenen Weines und den damit verbundenen typischen Fruchtcharakter. Die Fruchtigkeit wird in der Regel von einem Hauch → Restsüße begleitet.

Frühreif:
Wein, der sich zu schnell entwickelt hat.

FùT DE CHèNE:
Französisch für Eichenholzfass

Gärung:
Die alkoholische Gärung ist die Umwandlung von Zucker zu → Alkohol und Kohlendioxid. Die Gärung wird durch → Hefen ausgelöst, die als natürliche Hefen in der Traube vorhanden sind oder als Reinzuchthefen dem → Most zugesetzt werden.

Gefällig:
Ein ordentlicher Wein ohne Höhen und Tiefen, der keinen großen Anspruch erhebt.

Gehaltvoll:
Meist verbirgt sich hinter diesem Wort das Gegenteil von

→ Eleganz, eher eine überladene Aromenvielfalt und ein kräftiger → Alkohol.

GEMISCHTER SATZ:
Weine, die aus mehreren Traubensorten gleichzeitig vergoren werden.

GERBSTOFF:
Der Gerbstoff – auch als → Tannin bezeichnet – steckt in den Beerenschalen, den Kernen und Stielen der Trauben. Die verschiedenen Rebsorten haben auch einen unterschiedlichen Gerbstoffgehalt. Bei einem hohen Gerbstoffgehalt, den entweder junge Weine oder Weine aus unreifem Traubengut aufzeigen, ziehen sich in der Regel die Mundschleimhäute zusammen (→ adstringierend). Bei Rotweinen baut das Tannin im Laufe der Zeit seine aggressive Wirkung ab und wandelt sich in eine reife, weiche Form, die den Wein geschmacklich stützt und ihm Haltbarkeit verleiht. Zusätzlicher Gerbstoff entsteht im Wein durch die Lagerung in Holzfässern, vor allem in → Barrique-Fässern.

GESCHMEIDIG:
Ein qualitativ hochwertiger, glatter, → runder und anschmiegsamer Wein mit ausgeglichener → Säure

GLYCERIN:
Dreiwertiger → Alkohol, der während der → Gärung entsteht und zu einer süßen Empfindung im Mund führt. Verleiht dem Wein Vollmundigkeit und → Körper. Je alko-

holreicher der Wein, desto höher kann der Glyceringehalt sein. An der Glaswand hinterlässt das Glycerin die so genannten »Kirchenfenster«.

Gran Reserva:
Spanischer Wein, der mindestens 24 Monate im Eichenfass und danach 36 Monate in der Flasche reift.

Grand Cru:
Bezeichnung für Qualitätsweine aus dem Burgund und dem Bordelais. Die Bedeutung ist allerdings unterschiedlich: Im Burgund ist ein Grand Cru die höchste Stufe, im Bordelais steht sie lediglich für ein großes Gewächs und kann somit für die höchste, aber auch für kleinere Qualitäten verwendet werden.

Grasig:
Ein → unreifer, → grüner, fast → adstringierender Geschmack, der von zu starker Pressung oder von zu früh geernteten Trauben kommt.

Grün:
Ein Wein, der sowohl im Duft als auch im Geschmack → grasig und → unreif wirkt.

Halbtrocken:
Geschmacksbezeichnung für deutschen Wein mit einer Obergrenze von 18 Gramm Restzucker pro Liter. Der Zuckergehalt muss dabei in einem bestimmten Verhältnis

zur → Säure stehen (nach der Formel Säure plus 10). Eingeführt wurde dieser etwas abstrakt anmutende Begriff, weil besonders säurebetonte Weine aus nördlicheren deutschen Anbaugebieten auch mit einem relativ hohen Restzuckergehalt betont → herb schmecken. Die Deklaration »halbtrocken« soll dies deutlich machen.

Harmonisch:
Alle Inhaltsstoffe müssen im → Bukett und im Geschmack in einem ausgewogenen Verhältnis stehen.

Hart:
Weine wirken hart, wenn sie über junge → Tannine und kräftige → Säuren verfügen.

Hefe:
Einzellige, pflanzliche Mikroorganismen, die in der Lage sind, Zucker in → Alkohol umwandeln zu können. Die Weinhefen bestehen meist aus *Saccharomyces cerevisiae*.

Hefeton, hefig:
Hefe riecht man bei jungen Weinen oder wenn sie auf Hefe gereift sind.

Hektar:
Hundert mal hundert Meter

Herb:
Geschmackseindruck von Weinen, die reich an → Tannin sind.

Hohl:
Ein leerer Wein mit wenig Charakter und ohne Ausdruck

Hybriden:
Kreuzung von europäischen mit amerikanischen Rebsorten

Imbottigliato nell'origine:
Italienisch für Erzeugerabfüllung

Impériale:
Großflaschen mit sechs Liter Füllmenge

Jahrgangschampagner:
Champagner aus Weinen eines Jahrgangs

Jungwein:
Wein vor der Filtration, der noch auf der → Hefe liegt oder noch Restmengen an Hefe enthält.

Kabinett:
Seit Einführung des Deutschen Weingesetzes 1971 die niedrigste Stufe für deutsche Qualitätsweine mit Prädikat. Das Mindestmostgewicht beträgt je nach Anbaugebiet 67 bis 82 Grad → Oechsle.

Kantig:
Noch unharmonisches Zusammenwirken der einzelnen Komponenten. Meist wird die → Säure als kantig bezeichnet, wenn sie etwas überbetont ist.

Kapsel:
Schutzhülle über dem Korken

Kelter:
Alte Weinpresse aus Holz, die durch moderne, meist pneumatisch betriebene Pressen abgelöst wurde. Auf der Kelter werden die Trauben oder die → Maische zur Gewinnung des → Mostes ausgepresst.

Klassifizierung:
Besonderes Herausstellen von → Lagen oder Weinerzeugern. Ist in Frankreich vor allem im Burgund und im Bordelais (Médoc, Saint-Emilion, Graves) seit vielen Jahren üblich. In Deutschland haben Klassifizierungen - mit Ausnahme der Ersten Gewächse im Rheingau - bislang keinen offiziellen, gesetzlich anerkannten Charakter.

Klon:
Unterart einer bestimmten Rebsorte

Kohlensäuremaischung:
Macération carbonique. Vergärung ungemahlener roter Trauben unter Sauerstoffabschluss, die besonders fruchtbetonte Weine hervorbringt.

Körper:
Ausdruck für → Dichte, Kraft und hohen → Extraktgehalt eines Weines. Aber auch mit einem schlanken Körper kann ein Wein → Finesse haben.

Kork:
Flaschenverschluss aus Korkeiche, der zur Reifung des Weines beiträgt. Gerade in den vergangenen Jahren tauchen vermehrt Probleme mit schlechten Korken auf, die den damit verschlossenen Wein ungenießbar machen. Für einfache Weine, die innerhalb kurzer Zeit getrunken werden, kommen immer öfter Schraubverschlüsse oder Kunststoffkorken zum Einsatz.

Korkig:
Unangenehm muffiger Geruch und Geschmack, der durch einen unsichtbaren Schimmel im Korken verursacht wird.

Krautig:
Meist im → Bukett vorhandene Duftnote, die auch als → grasig bezeichnet wird.

Kurz:
Der Wein hat kein »Schwänzchen«, keinen bleibenden Eindruck, ist nach dem Trinken geschmacklich sofort weg.

Labberig:
Instabiles Gleichgewicht des Weines aufgrund zu niedriger → Säure

Länge, lang:
Weine mit langem Nachhall bleiben geschmacklich für einige Zeit im Mund präsent.

LAGE:
Die weitgehend fest umrissene Flur, auf der die Reben angebaut werden.

LATE HARVEST:
Englisch für Spätlese

LEBENDIG:
Ein frischer, schwungvoller Wein mit knackiger → Säure

LEER:
→ dünn, gehaltlos. Ein solcher Wein bietet geschmacklich nichts.

LEICHT:
Relativ wenig → Alkohol und → Körper. Eine leichte Nase ist gleichzusetzen mit einem schwachen → Bukett.

LESE:
Als Lese oder Weinlese wird der Zeitraum der Ernte bezeichnet. Dabei bestimmt der Reifegrad der Trauben den Lesezeitpunkt. Als Lesegut bezeichnet man die geernteten Trauben.

LIEBLICH:
Die Bezeichnung für Weine mit einem höheren Restzuckergehalt als → halbtrockene Gewächse. Kann, muss aber nicht auf dem Etikett vermerkt sein. Milde Weine mit harmonischer Süße und ausgewogenem Gehalt an → Bukett- und Geschmacksstoffen.

Lüftung, belüften:
Der Wein wird durch vorsichtiges Umgießen in eine Karaffe (→ dekantieren) mit Luft (Sauerstoff) in Verbindung gebracht.

Mager:
Ein → dünner, → leerer Wein ohne → Körper

Magnum:
Flaschengröße mit einem Inhalt von 1,5 Litern

Maische:
Zerkleinerte und zerquetschte Trauben, die noch den gesamten Saft enthalten.

Malolaktische Gärung:
So genannte zweite Gärung, bei der die Apfelsäure durch bestimmte Bakterienstämme in weichere Milchsäure umgewandelt wird.

Marc:
Französisch für → Trester. Meist auch Bezeichnung für Tresterschnaps.

Master of Wine:
Titel, dessen Verleihung umfangreiche Tests und Prüfungen vorausgehen.

Mazerations-Verfahren:
→ Kohlensäuremaischung

Medizinton:
Vor allem in der Nase erkennbarer Duft, der an Medizin und Apotheke erinnert. Kein negatives Kriterium.

Metallisch:
Fehlton mit unangenehmem Geschmack nach Eisen

Mild:
→ lieblich

Millésime:
Französisch für Jahrgang

Mineralisch:
Weine, die auf einem mineralreichen Boden gewachsen sind, bringen diese → Terroir-Komponente in der Regel auch in → Bukett und Geschmack.

Mis en bouteille au Château/Domaine:
Französisch für Erzeugerabfüllung

Mollig:
Körperreich, vollmundig, weich und oft sehr → harmonisch

Most:
Gepresster Saft aus Trauben, der zur Weiterverarbeitung zu Wein bestimmt ist.

Mostgewicht:
Maßangabe, um wie viel Gramm ein Liter → Most bei konstant 20 °C schwerer ist als ein Liter Wasser. Das Mostgewicht wird in Deutschland in → Oechsle-Grad gemessen: Ein Liter Most, der 1,0070 Kilogramm wiegt, hat 70 Grad Oechsle.

Mostklärung:
Säuberung des Mostes vor der Vergärung

Mousse:
Bläschen in Champagner und → Schaumweinen

Müde:
→ alt, glanzlos, breit und ohne jegliche → Finesse

Nachhaltigkeit:
Die anhaltende Empfindung der Geschmacks- und Aromastoffe nach dem Herunterschlucken. Wein wird in seiner → Länge gemessen. Im Prinzip ist ein Wein umso besser, je länger sein Wohlgeschmack im Mund bleibt.

Nervig:
Saftiger Wein mit gut integrierter, knackiger → Säure

Neutral:
Der Wein hat keine erkennbaren Charaktereigenschaften, weder im Duft noch im Geschmack.

Oechsle, Oechsle-Grad:
Eine auf der Dichte des Traubensafts beruhende Messskala für den Zuckergehalt. Daran kann dann der Reifegrad der Traube abgelesen werden.

Ölig:
Ein dickflüssiger, cremiger Wein, der ein Gefühl von öliger Konsistenz im Mund vermittelt. Der Begriff wird vorwiegend für edelsüße Weine verwendet.

Önologie:
Wissenschaft vom Wein

Organoleptisch:
Sinneseindrücke und Wahrnehmungen während einer Weinprobe, wie z. B. → Farbe, Geruch und Geschmack.

Oxidation/oxidiert:
Gegenteil von reduktiv. Mit Oxidation ist die Lufteinwirkung auf Wein gemeint. Bei jungen Rotweinen ist das erwünscht, weil sie sich in der Verbindung mit Sauerstoff eher öffnen. Bei älteren Rotweinen kann Oxidation auch schnell ins Gegenteil umschlagen und den Wein umkippen lassen. Weine, die schon im Fass oder in der Flasche oxidieren, sind fehlerhaft.

Oxydativ:
Fehler im Wein, der durch zu langen Sauerstoffkontakt viele Aldehyde enthält, dadurch → müde und matt schmeckt.

Pappig:
Bezeichnung für plumpe, meist übersüßte oder aufdringlich aromatisierte Weine

Perlwein:
Leicht schäumender Wein

Pflanzlich:
Wein mit → grünen, pflanzlichen und/oder vegetativen Aromen

Pikant:
Weine, die → frisch und → saftig schmecken, dazu über eine anregende → Säure und → Biss verfügen.

Primeur:
Neuer Wein, zum Beispiel Beaujolais Primeur

Qualitätswein (QbA):
Qualitätswein bestimmter Anbaugebiete. Nach deutschem Weingesetz handelt es sich dabei um die Vorstufe von Qualitätsweinen mit Prädikat.

Quinta:
Portugiesisch für Weingut

Rasse, rassig:
Herzhafter, → lebendiger Wein, bei dem die → Säure kräftig, aber nicht unangenehm hervortritt.

Rau:
Weder Geschmack noch Konsistenz eines solchen Weines sind angenehm. Sie hinterlassen oft einen kratzigen, → adstringierenden oder sauren Eindruck.

Rauchig:
Diese Duftkomponente findet sich in der Regel in Weinen, die im → Barrique ausgebaut wurden.

Reblaus:
Aus Amerika eingeführter Schädling

Récolte:
Französisch für Ernte

Reduktiv:
→ duftiger und → spritziger Wein, der weitgehend unter Sauerstoffabschluss ausgebaut wurde.

Reichhaltig:
Weine, die nicht unbedingt süß wirken, jedoch einen Eindruck von opulenter Fülle vermitteln.

Reif:
Ein reifer Wein ist auf seinem geschmacklichen Höhepunkt.

Reintönig:
Weine, die sowohl im → Bukett als auch im Geschmack klar und sauber erscheinen.

Reserva:
Qualitätsbegriff für spanische Weine, die eine bestimmte Zeit im Fass reiften.

Réserve:
Französischer Begriff ohne weinrechtliche Bedeutung

Restsüsse/Restzucker:
Der vorhandene Zuckergehalt im fertigen Wein. Kann entweder ein natürlicher Restbestand der Vergärung sein oder auch zugesetzter Traubenmost (Süßreserve).

Robust:
Ein kräftiger, herzhafter, recht gehaltvoller Wein

Rund:
Harmonischer, ausbalancierter Wein, vollmundig und ausgeglichen

Säure:
Verschiedene Säuren wie Wein- oder Apfelsäure sind für die Qualität und Haltbarkeit eines Weines unentbehrlich und geben ihm seine erfrischende Kraft.

Saftig:
Ein vollmundiger Wein, der Lust auf mehr macht.

Samtig:
In der Regel für Rotweine verwendeter Begriff. Samtig sind

Weine, die durch ihre angenehme Reife, gut eingebundene → Gerbstoffe und Fruchtsüße einen weichen Geschmackseindruck hinterlassen.

SAUBER:
Ein fehlerfreier reintöniger Wein ohne Beanstandung

SCHAL:
Wirken Weine abgestanden, werden sie als schal bezeichnet.

SCHAUMWEIN:
Oberbegriff für Weine mit einem Kohlensäuredruck von mindestens 3 bar

SCHILFWEIN:
Österreichische Spezialität, bei der die Trauben längere Zeit auf Schilf getrocknet werden.

SCHLANK:
Wein, bei dem → Extraktstoffe gut ausgebildet sind, ohne jedoch übergewichtig gegenüber den anderen Komponenten zu wirken.

SCHLICHT:
Ein einfacher, belangloser Wein ohne Höhen und Tiefen

SCHMELZ:
Hoher → Extrakt- und → Alkoholgehalt. Zeichen für Weine aus reifen Trauben.

Schönen:
Maßnahme beim Weinausbau. Durch Zusatz bestimmter gesetzlich zugelassener Stoffe werden unerwünschte Bestandteile gebunden und ausgeschieden. Schönungsmittel verbleiben nicht im Wein.

Schwer:
→ körper- und alkoholreich

Sec/secco/seco:
Französischer/italienischer/spanischer Begriff für → trocken

Sekt:
In Deutschland hergestellter → Schaumwein, bei dem die Grundweine meist aus verschiedenen europäischen Ländern stammen.

Sélection de grains nobles:
Im Elsass verwendeter Begriff für → Beerenauslese

Sommelier:
Französisch für Weinkellner

Sortenrein:
Aus einer einzigen Rebsorte produzierter Wein

Sortentypisch:
Aromentypizität, die von der Rebsorte herrührt.

Spätlese:
Zweite Stufe der deutschen Qualitätspyramide. Kommt nach → Kabinett und vor → Auslese.

Spiel:
Alle erfassbaren Stoffe sind fein aufeinander abgestimmt und springen über die Zunge. Nuancenreiche Weine sollten diese Eigenschaft besitzen.

Spritig:
Weine, bei denen der → Alkohol unangenehm hervortritt.

Spritzig:
Bezeichnung für einen lebendigen, meist jungen, oftmals leicht moussierenden Wein. Oft enthalten diese Weine gelöste Kohlensäure, die aber nicht sichtbar sein muss.

Spumante:
Italienischer → Schaumwein

Stahlig:
Weißwein mit betonter → Säure

Stillwein:
Wein ohne Kohlensäure

Süffig:
Ein einfacher, schmackhafter Wein mit guter, aber nicht herausragender Qualität

Sur lie:
Französisch für Weine, die auf der → Hefe gelagert wurden. So erhalten Weißweine ein frischeres und fruchtigeres → Aroma.

Süssreserve:
Unvergorener Traubensaft, dient zur Süßung von Weinen.

Tafelwein:
Unterste Güteklasse deutscher Weine, die keinen Hinweis auf ihre Herkunft nennen dürfen.

Tannin:
Wesentlicher Bestandteil in Traubenkernen und Traubenschalen. Tannin wird auch als → Gerbstoff bezeichnet und ist vor allem in Rotweinen zu finden. Im Mund können Tannine ein → adstringierendes Gefühl hervorrufen, der Gaumen fühlt sich pelzig und trocken an. Im Laufe der Lagerung bauen sich Tannine wie alle anderen Inhaltsstoffe ab. Der Wein wird damit runder und bekommt gleichzeitig die Fähigkeit, länger zu lagern.

Temperaturkontrolle:
Messung der Mosttemperatur während der → Gärung zur Steuerung der Gärdauer und des Gärverlaufes

Tenuta:
Italienisch für Weingut oder Weinberg

TERROIR:
Französisch für Boden und das Zusammenspiel mit der Natur

TIEFE:
Der Geschmack eines solchen Weines entfaltet sich auf der Zunge zu ungeahnten Dimensionen; er ist → dicht, → gehaltvoll und zeigt sich in unterschiedlichen Schichten.

TOAST:
Toastduft ist in verschiedenen Stärken in → barriquegereiften Weinen zu finden.

TRESTER:
Bezeichnung für Pressrückstände genauso wie für den daraus durch Destillation gewonnenen Brand. Trester oder Tresterbrand entspricht dem italienischen Grappa und dem französischen → Marc.

TROCKEN:
Geschmacksbezeichnung für deutschen Wein mit einem Restzuckergehalt von maximal 9 Gramm pro Liter in einem bestimmten Verhältnis zur → Säure (nach der Formel: Säure plus 2). Ein Wein mit 7 Gramm Säure pro Liter kann genau 9 Gramm Zucker pro Liter enthalten, um noch als trocken durchzugehen.

TROCKENBEERENAUSLESE:
In Österreich und Deutschland Bezeichnung für Wein, der

aus eingetrockneten, edelfaulen Trauben gekeltert wurde.

Ungefiltert:
Wein, der nicht gefiltert wurde, um die feinen subtilen → Aromen zu erhalten.

Unharmonisch:
Die einzelnen Inhaltsstoffe eines Weines sind nicht aufeinander abgestimmt. Das kann bei jungen Weinen vorkommen, die einfach noch Lagerung benötigen. Oder es besteht ein solches Unverhältnis, dass der Wein nie zusammenfindet.

Unreif:
Weine, die aus unreifem Lesegut erzeugt wurden. Weine, die noch nicht zu ihrer Reife gelangt sind, aber noch Entwicklungspotenzial haben.

Vanille:
Dieser Duft entsteht in der Regel bei Weinen, die in neuen → Barrique-Fässern ausgebaut wurden.

Vendange tardive:
Französisch für späte → Lese. Liegt aber qualitativ über der deutschen Spätlese.

Verschlossen:
Junge oder noch → unreife Weine können in Duft und Geschmack verschlossen sein, öffnen sich in der Regel nach einer gewissen Zeit der Lagerung.

VIGNOBLE:
Französisch für Weinberg

VIN DE PAYS:
Einfacher Landwein mit Angabe einer weit gefassten geografischen Herkunft

VIN DE TABLE:
Französischer Tafelwein ohne Angabe der Herkunft

VINIFIKATION:
Französisch für Weinbereitung

VOLL:
Ein körperreicher, gaumenausfüllender, lang anhaltender Wein, in dem alle Geschmacksstoffe vollmundig zusammenwirken.

VORLAUFMOST:
Hochwertiger Anteil des → Mostes, der direkt nach dem Mahlen der Trauben ohne weiteres Pressen aus der → Kelter läuft.

WÄSSRIG:
Ein dünner Wein, der geschmacklich einen verwässerten Eindruck macht.

WEINSTEIN:
Harmloses Kaliumsalz in Form winziger Kristalle, das in

Folge der Alkoholbildung und Abkühlung nach der → Gärung entsteht. Kein Grund, einen Wein zu reklamieren.

Wuchtig:
Ein gehaltvoller, schwerer, manchmal etwas robuster Wein

Würzig:
Wein mit würzigen Aromen aus Rebsorten wie zum Beispiel Gewürztraminer, Cabernet Sauvignon oder Syrah

Zart:
Ein feiner, filigraner Wein mit zarten Fruchtnoten und dezentem Geschmack

Zedernholz:
Ein warmer, weicher Duft, der an Zigarrenkisten erinnert.

Zweite Gärung:
→ malolaktische Gärung

In aller Kürze

AC/AOC:

Appellation Contrôlée / Appellation d'Origine Contrôlée. Vom französischen Staat offiziell vorgeschriebene Bezeichnung für staatlich kontrollierte Gewächse. Die Kontrolle umfasst und garantiert ein bestimmtes Anbaugebiet, Herstellungsmethode, verwendete Traubensorten und Ertragsmengen.

AP:

Amtliche Prüfnummer. Nachweis darüber, dass ein deutscher Wein als Qualitätswein in den Verkehr gebracht werden darf. Pflichtangabe auf deutschen Etiketten.

BSA:

Biologischer Säureabbau. Findet in der Regel nach der alkoholischen Gärung statt. Er bezeichnet alle chemischen Vorgänge, die durch Mikroorganismen zu einem Rückgang der Apfelsäure führen und diese unter der Abspaltung von Kohlensäure in die mildere Milchsäure umwandeln.

DLG:

Deutsche Landwirtschaftsgesellschaft. Führt die Bundesweinprämierung durch und vergibt das Weinsiegel.

DO:

Denominación de Origen ist die spanische Bezeichnung für die kontrollierte Herkunft eines Weines.

DOC:

Denominazione di Origine Controllata. Seit 1964 die italienische Ursprungsbezeichnung mit Vorschriften über Anbaugrenzen, Rebsorten und Ausbau eines Weines.

DOCa:

Denominación de Origen Calificada. Qualifizierte spanische

Weine, 1991 erstmals den Rioja-Weinen zuerkannt.

DOCG:

Denominazione di Origine Controllata e Garantita. Die höchste Stufe des italienischen Weingesetzes enthält vor allem strengere Mengenbegrenzungen als die DOC.

DWI:

Deutsches Weininstitut

IGT:

Indicazione Geografica Tipica. 1997 eingeführte Bezeichnung für italienische Regionalweine. Die Anforderungen an Alkoholgehalt und Mengenbeschränkungen liegen unter dem DOC-Niveau.

INAO:

Institut National des Appellations d'Origine. Französische Behörde, die über die Zulassung der AOC-Weine wacht.

VdlT:

Vino de la Tierra. Spanischer Landwein aus einem bestimmten Anbaugebiet, das keinen DO-Status hat.

VdM:

Vino de Mesa. Spanischer Tafelwein, dessen Trauben aus mehreren Gebieten stammen.

VDP:

Vereinigung der deutschen Prädikatsweingüter. Ein freiwilliger Zusammenschluss qualitätsorientierter Weingüter mit festen Bestimmungen zum Weinausbau.

VdT:

Vino da Tavola. Italienischer Tafelwein mit den geringsten Anforderungen. Auf dem Etikett dürfen nur Farbe, Alkoholgehalt und Herkunftsland angegeben werden.

Z ... WIE ZUSAMMENARBEIT:
An dieser Stelle das wichtigste Stichwort überhaupt: Zusammenarbeit! Dieses Buch samt allem Weinwissen wäre nicht möglich ohne die »vinophilen Geister«, die von A bis Z hinter dem Projekt stehen. Voller Enthusiasmus bringen sie sich selbst, ihren eigenen Charakter, ihre Persönlichkeit und nicht zuletzt ihr gesamtes Weinwissen in unser Genuss-Konzept mit ein. Mit Ingo Swoboda (Foto) haben wir einen kompetenten und vom Weinvirus infizierten Autor gewonnen, der das Fischers Wein-Konzept textlich wie inhaltlich umgesetzt hat. Grundlage und Rückhalt für all diese weinverbundenen Aktivitäten bietet das gesamte Fischers Küchen- und Service-Team. Astrid Müllers, Geschäftsführerin von Sommelier Consult, hat ebenfalls täglich mit Wein und Wissen zu tun und unterstützte uns maßgeblich bei der Bild- und Themenauswahl. Die herrlichen Fotos haben wir dem Power-Kreativ-Team Armin Faber und Thomas Pothmann zu verdanken. Und die eigentliche Leistung, nämlich die Durchführung der Seminare und die Übermittlung von Weinwissen, erfüllen täglich aufs Neue Christine Balais, Jan Bimboes, Götz Drewitz, Christian Frens, Katja Gießler, Petra Mohr und viele andere.

Herzlichen Dank für diese weinselige Partnerschaft!

Christina Fischer, April 2003

Fischers Weingenuss & Tafelfreuden

Restaurants gibt es viele. Aber »Fischers Weingenuss & Tafelfreuden« ist ein außergewöhnliches Genuss-Konzept, das so kreativ wie ansteckend ist.

Professionelle Vielfältigkeit ist hier Trumpf. Das Fischers-Team garantiert Weinverstand und freundlichen Service, egal was gerade angesagt ist: feine Weine, gutes Essen, Wein- und Kochseminare, Weinclub, Weinverkauf, Bankett oder Catering – alles inklusive Genuss und guter Laune. Dazu hat Fischers die richtigen Konzepte für den richtigen Zeitpunkt.

Neben Restaurant bieten Galerie und Gewölbekeller Platz für individuelle Veranstaltungen: ob diskrete Geschäftsessen, fröhliche Weinproben oder ausgelassene Familienfeiern. Was dabei auf den Tisch kommt, nennt das Fischers-Team »crosskulturell« – eine kulinarische Reise durch die Küchen der Welt. »Von allem das Beste« wird zum authentischen Tafelgenuss, dazu gibt es eine umfangreiche Weinliste aus den Kellern der ganzen Welt. Beides lässt sich bei Fischers auf angenehme Art und Weise verbinden.

Während in der einsehbaren Küche crosskulturell gekocht wird, kann sich der Gast zum »Weinexperten« ausbilden lassen: mit Probeschlückchen aus mehr als 40 offenen Weinen und einer individuellen Wein- und Speisenberatung. Und wer einen Wein aus dem Restaurant noch einmal zu

Hause probieren möchte: Kein Problem, alle Weine sind »Take away«. Was schmeckt, kann sofort mit nach Hause genommen werden.

Apropos zu Hause: Wer es ganz bequem möchte, bestellt einfach sein Lieblingsgericht. Und Fischers Catering bringt's. Oder am heimischen Herd wird Feuer gemacht. Das Fischers-Team kommt auch nach Hause, mit allem drum und dran: Koch, Sommelier und Service, Geschirr, Besteck und Gläsern. Das auf die individuellen Ansprüche und Möglichkeiten maßgeschneiderte Catering-Konzept garantiert einen genussreichen Abend.

Übrigens: Richtige Fischer-Fans werden Clubmitglieder – für nur 40 Euro im Jahr. Dafür gibt es spezielle Veranstaltungen, Weinproben und Workshops. Also: Einfach anrufen und die Flaschenpost mit weiteren Infos anfordern!

Fischers Weingenuss & Tafelfreuden
Hohenstaufenring 53
50674 Köln
Telefon: 0221 / 310 847-0
Fax: 0221 / 310 847-89
info@fischers-wein.com, www.fischers-wein.com
Restaurant, Weinhandel, Weinseminare, Kochkurse, Catering Service, Take away

Fischers Weinseminare

Sie trinken gerne Wein und kennen sich mit Weiß- und Rotweinen ein wenig aus. Aber manchmal kommen Sie nicht »auf den richtigen Geschmack«, können die unterschiedlichen Aromen und Düfte nicht so richtig einordnen und beschreiben. Ihnen fehlen die Worte. Kein Problem: Da geht es Ihnen wie vielen anderen Menschen. Aber Sie müssen nicht »sprachlos« bleiben.

Wer Lust hat, etwas mehr über Wein, Aromen und Sensorik zu erfahren, der ist uns herzlich willkommen! Bei uns gibt es keine Kurse in Fachchinesisch und auch kein Diplom in Weinchemie und Molekularbiologie. Wir vermitteln Ihnen dafür Spaß und Lust beim Weingenuss! Nebenbei lernen Sie spielerisch das »Weinvokabular« von Aprikose bis Zedernholz und entdecken dabei Ihre sensorischen Fähigkeiten. Wir bringen Sie auf den »Geschmack«.

Wie geht's los? Am besten und einfachsten mit den »Wein-Basics«, genau das Richtige für Einsteiger ohne große Vorkenntnisse. Hier erfahren Sie das Wichtigste aus der Welt des Weines und lernen die Kunst des Weinprobierens. Unser »Medium Wein-Basic« ist schon eher etwas für Fortgeschrittene. Das Seminar baut inhaltlich auf dem Wissen des »Wein-Basic«-Seminars auf und setzt ein vinophiles Grundwissen voraus. Schließlich können Sie mit den »Top Wein-Basics« und dem »Weinwisser Workshop« Ihren Wissensdurst beliebig und unendlich erweitern.

Fischers Wein-Club

▬ »Schluck-zessive« Weinvergnügen: Regelmäßige persönliche Anschreiben mit Aktionen, Veranstaltungen und besonderen Angeboten. Weinproben und Seminare zu Vorzugspreisen inkl. kontingentierter Reservierungen, Reisen und Winzerbesuche, Wein-Accessoires, Weinverkauf mit speziellen Preisen, die nur für Clubmitglieder gelten, Info und Terminvorschau. Und jeden ersten Mittwoch im Monat trifft sich der Wein-Club in gemütlicher Runde!

▬ Mitgliedschaft: Mitglied kann jeder werden, der Spaß und Interesse am Wein hat! Wir möchten einen Kreis weininteressierter Menschen zusammenführen, die ihr Wein-Wissen erweitern möchten, nette Gespräche suchen, zusammen probieren und gerne genießen, Aromen erschnüffeln, diskutieren, fachsimpeln oder einfach nur trinken mögen! Der Mitgliedsbeitrag beträgt 40 Euro pro Jahr und beinhaltet die aufgeführten Leistungen. Der Jahresbeitrag wird zum 1. Januar des jeweiligen Jahres fällig. Bei Eintritt ab den 1. Oktober reduziert sich der Mitgliedsbeitrag auf 25 Euro. Die Kündigungsfrist beträt zwei Monate zum Jahresende.

▬ Anmeldung: Anna Lage, Fischers Wein-Club,
Hohenstaufenring 53, 50674 Köln, Telefon: 0221 / 310 847-0,
Fax: 0221 / 310 847-89, www.fischers-wein.com,
info@fischers-wein.com